# Arnold Wohler

# Gitarrenlieder

**Songs**
**voice & guitar**

Bibliografische Informationen dert Deutschen Nationalbibliothek:
Die Deutsche Nationalbibliothek verzeichnet diese Publikation in der
Deutschen Nationalbibliografie; detaillierte bibliografische Daten sind
im Internet über dnb.dnb.de abrufbar.

Copyright © Arnold Wohler
Herstellung und Verlag: BoD - Books on Demand, Norderstedt

ISBN: 978-3-7562-2787-7

# Gitarrenlieder
# mit englischen und deutschen Texten

# Noten & Tabulatur

Dieser Band enthält Lieder mit englischen und deutschen Texten
mit jeweils ausgearbeiteten Gitarrenbegleitungen. Diese sind sowohl
in Notenschrift als auch in Tabulaturform dargestellt und mit
Akkord-Symbolen versehen.
Die Gitarrenbegleitung ist den Liedern angepasst:
Manche Lieder sind für die moderne Plektrumgitarre,
manche für die klassische Anzupftechnik der Konzertgitarre eingrichtet.

# Inhalt:

# I count the stars all night

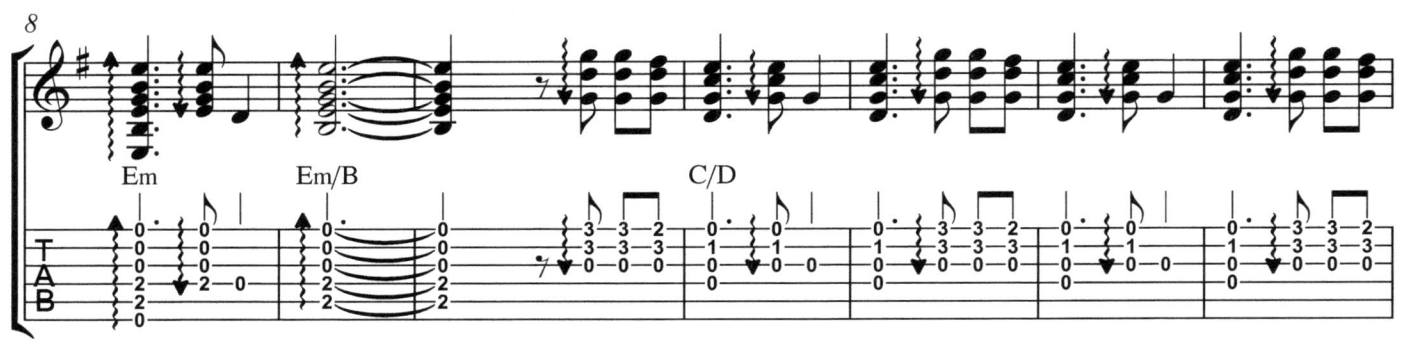

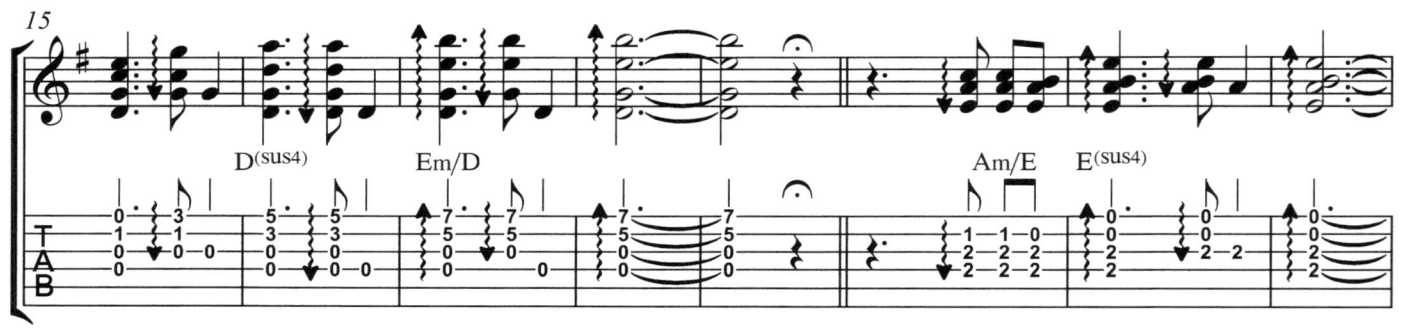

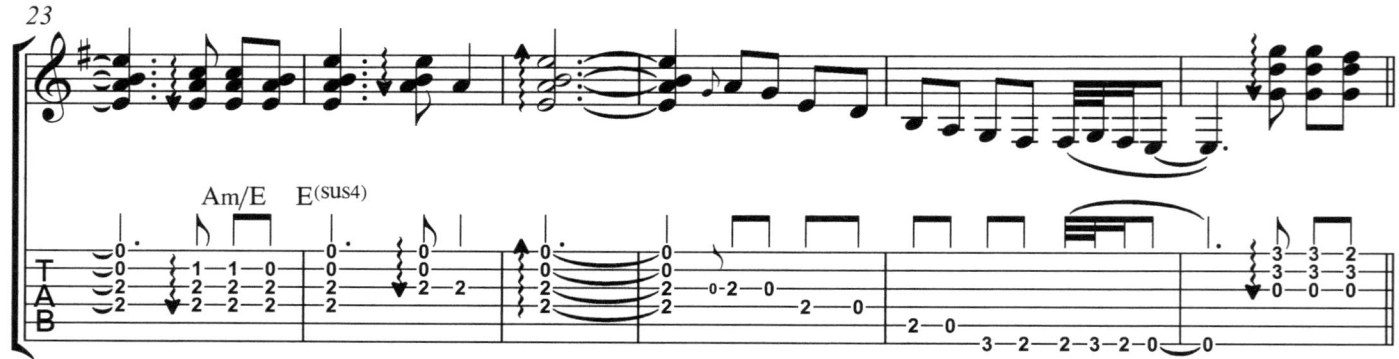

I count the stars all night,

some-where up there___ are_____ you, now._____

And you look at

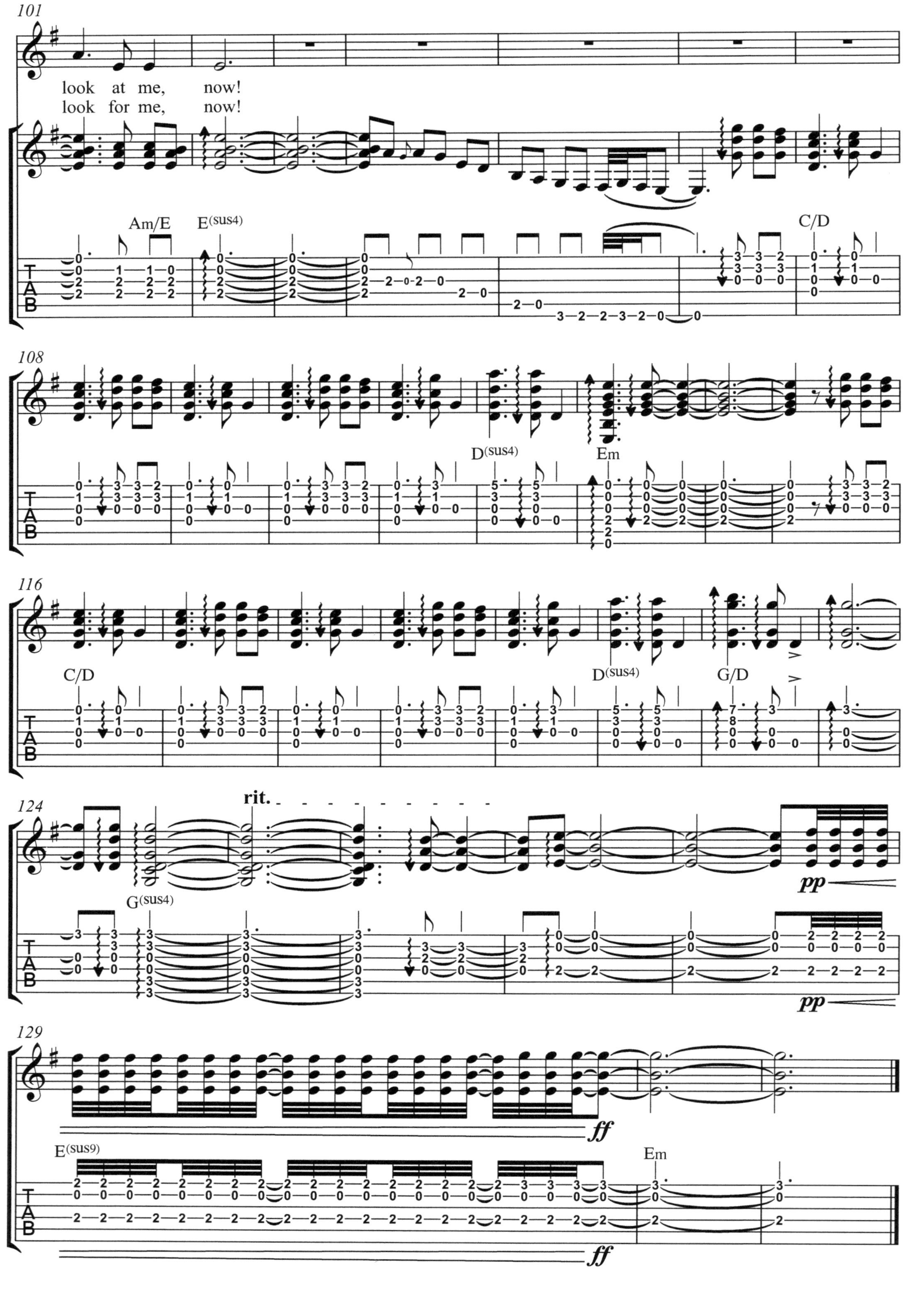
101
look at me, now!
look for me, now!
Am/E
E(sus4)
C/D
108
D(sus4)
Em
116
C/D
D(sus4)
G/D
124
rit.
G(sus4)
pp
129
E(sus9)
Em
ff

# The Castle In Old Scotland

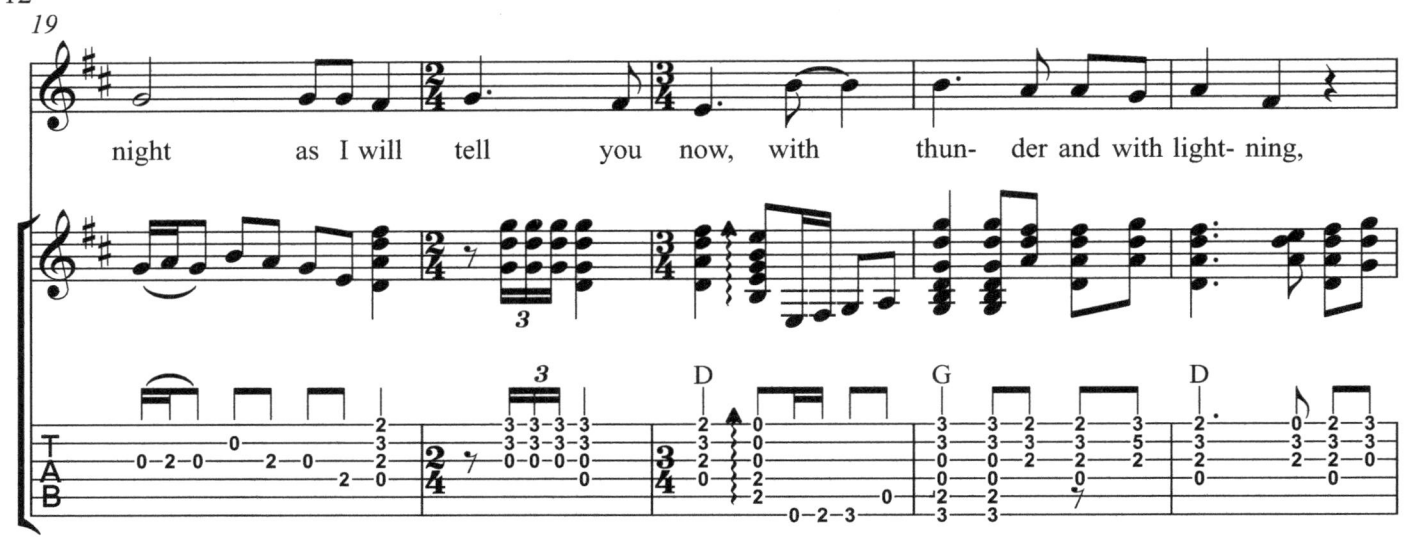

night as I will tell you now, with thun- der and with light- ning,

you would hear a wo-man cry__ wa - - - ving from the to- wer- the

lon- ley heart that passed her by- and the clock-

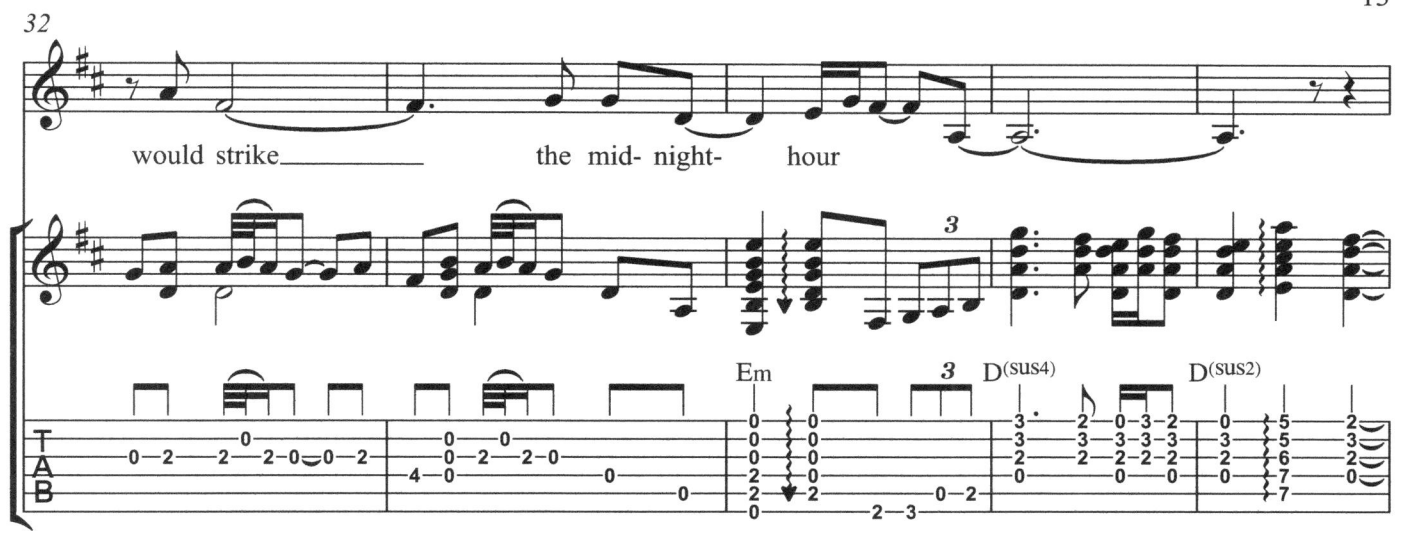

would strike_____ the mid- night- hour

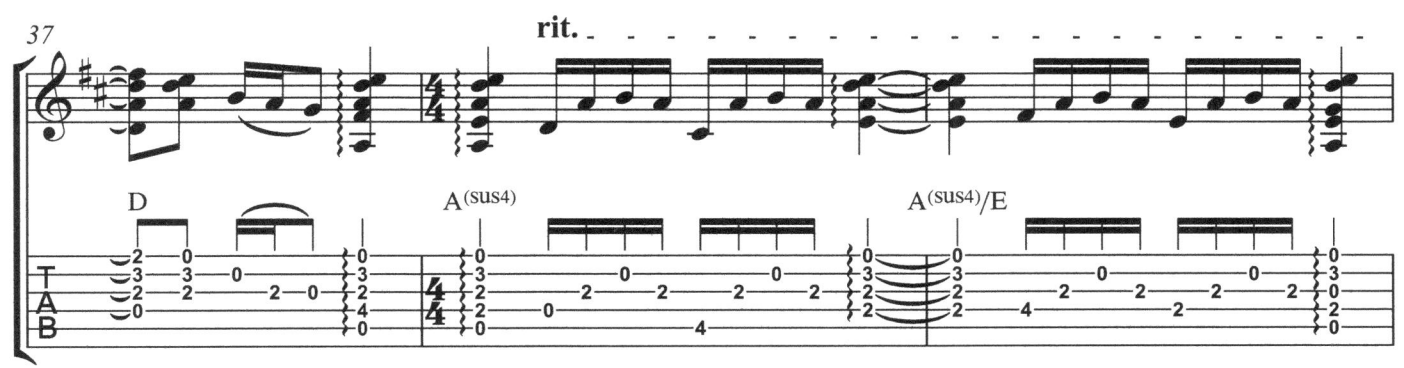

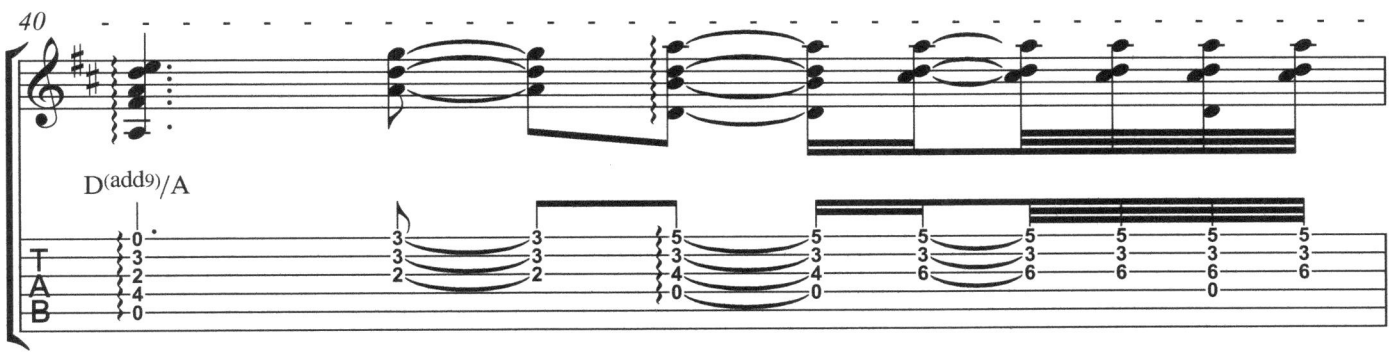

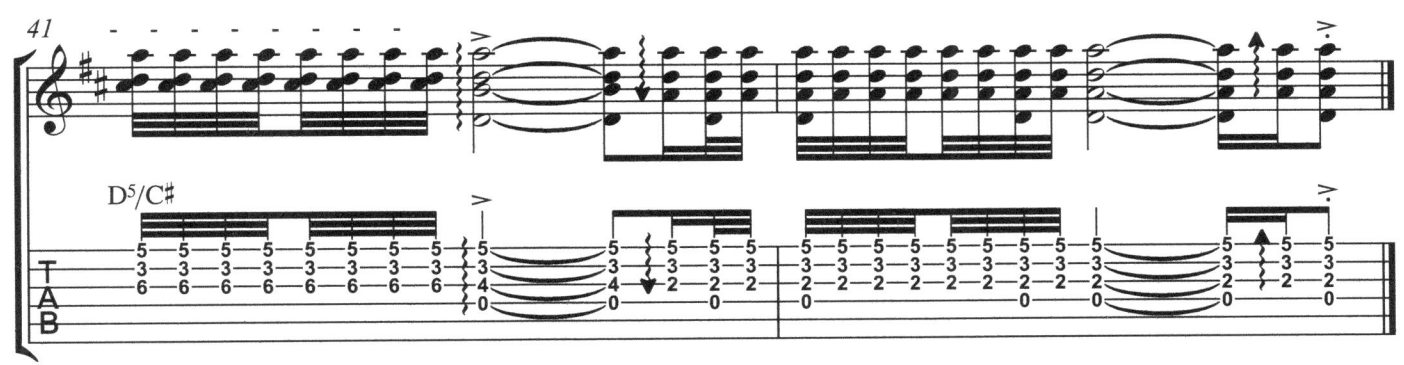

# What I want to see

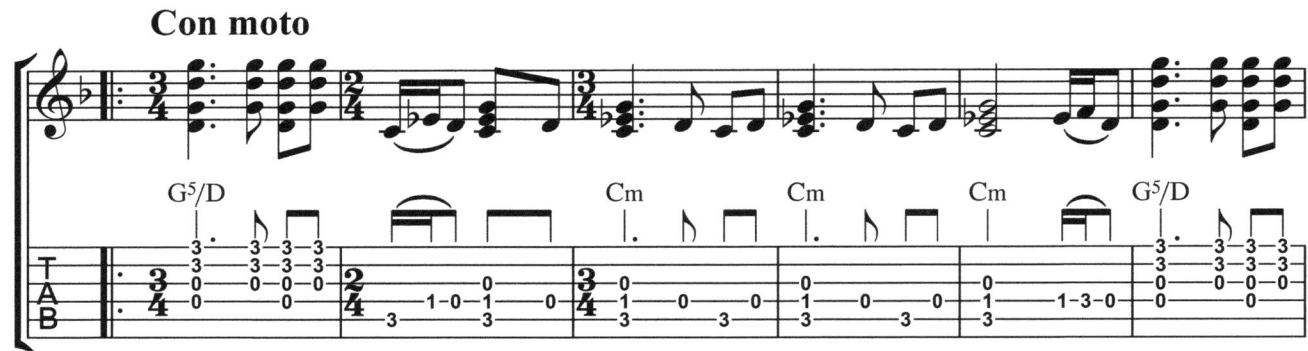

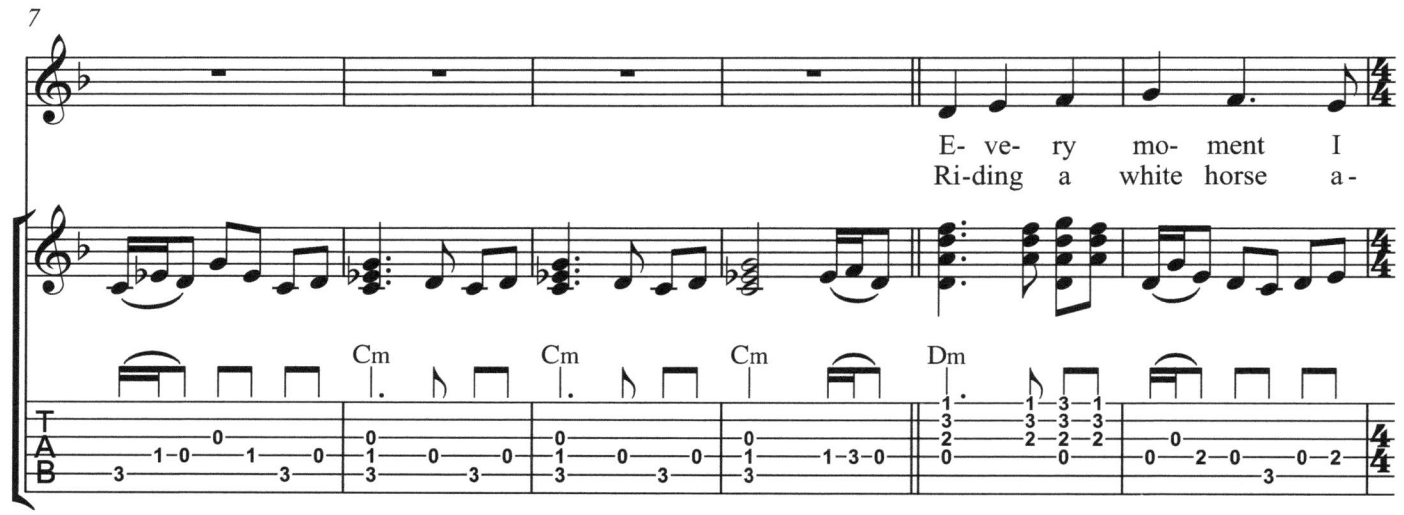

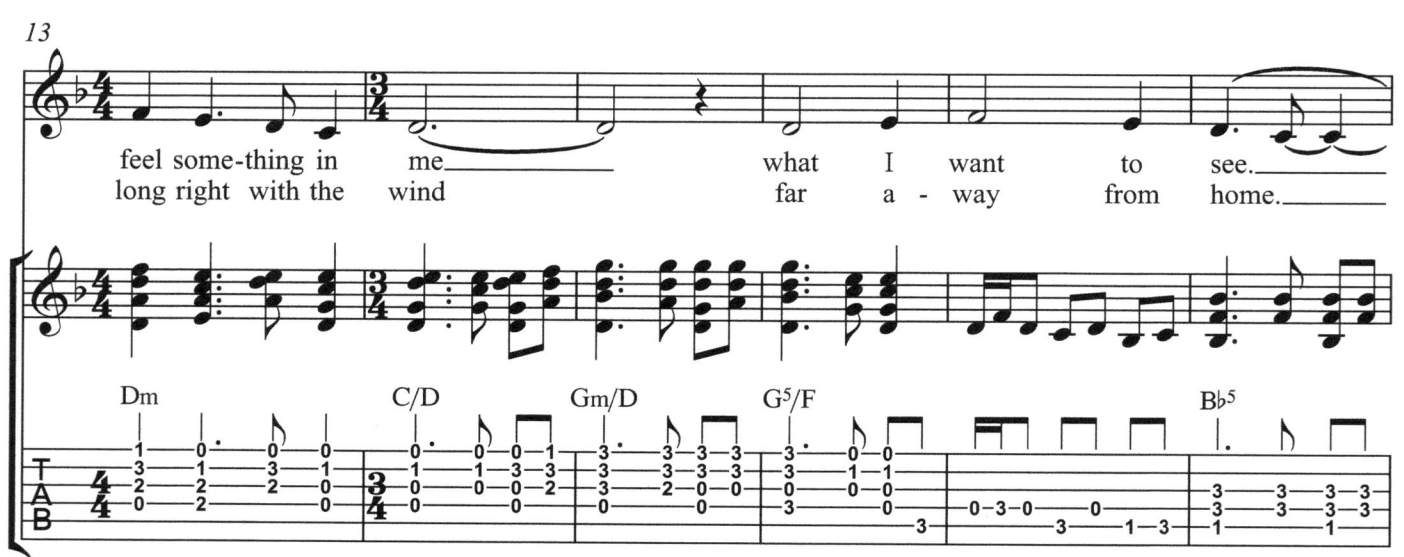

Its like a locked door once      it was  o- pen, now
When I get free   I  take you home as my  prin- cess, as

___ it    is locked and I don`t have   the key.
long as   I can I hold you as   a  day dream.___

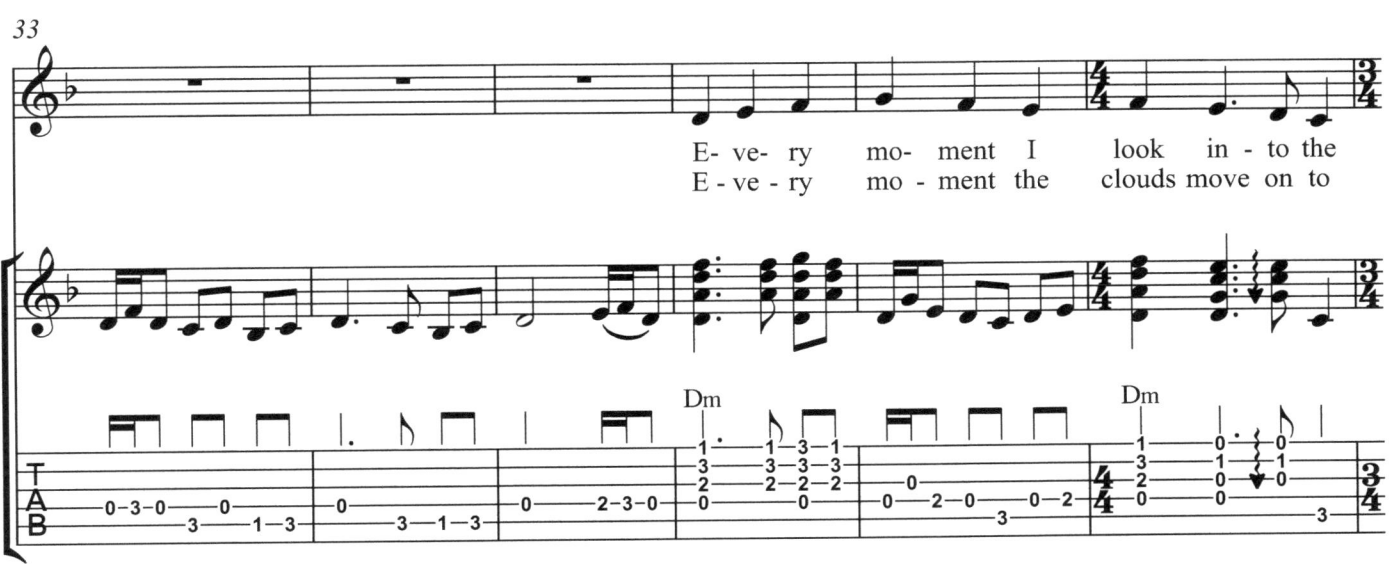

E- ve- ry  mo - ment I   look  in - to the
E- ve- ry  mo - ment the  clouds move on to

# Where will the ducks go?

**Andante**

Where will they go?
Where will we go?

When win-ter-time comes with the snow, when
When win-ter-time en-ters our souls when

sea will be fro-zen and trees with-out green leaves where will they go?_____
we will be frie-zing in sear-ching for love_____ where will we go?

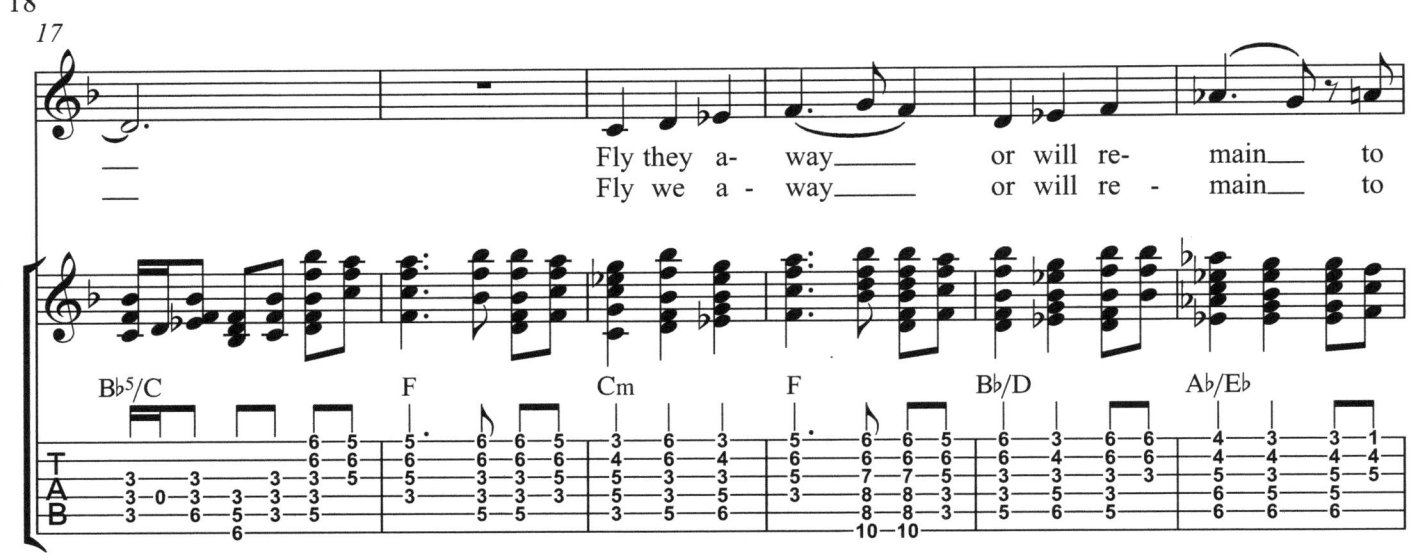

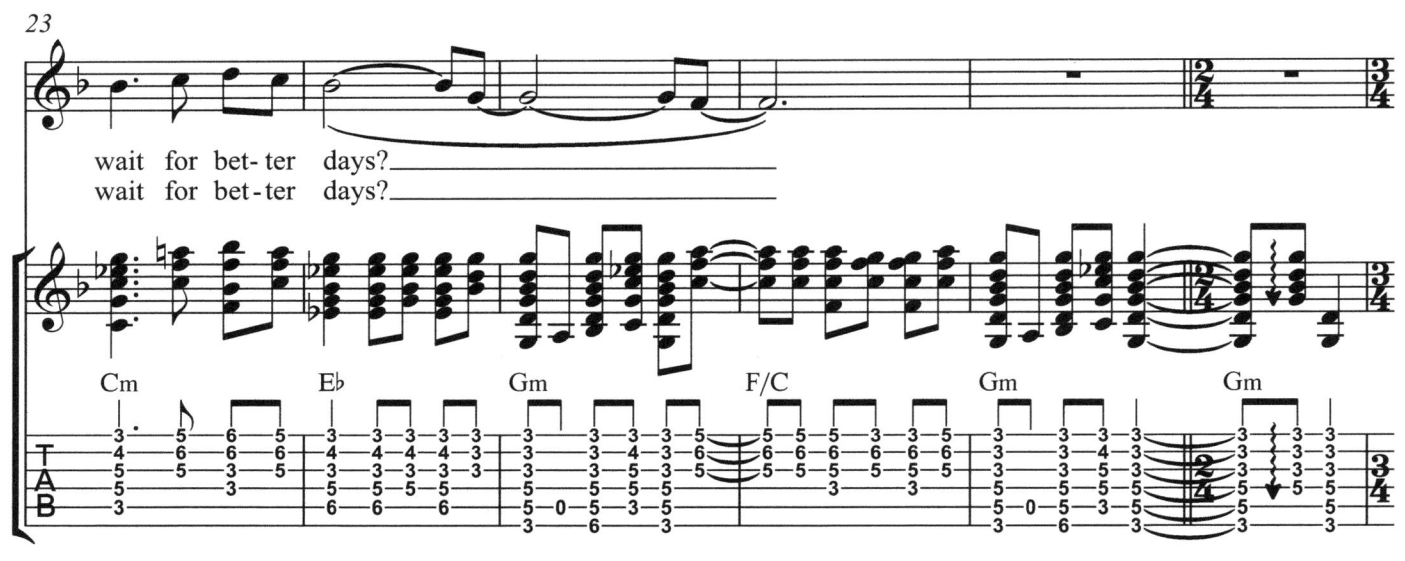

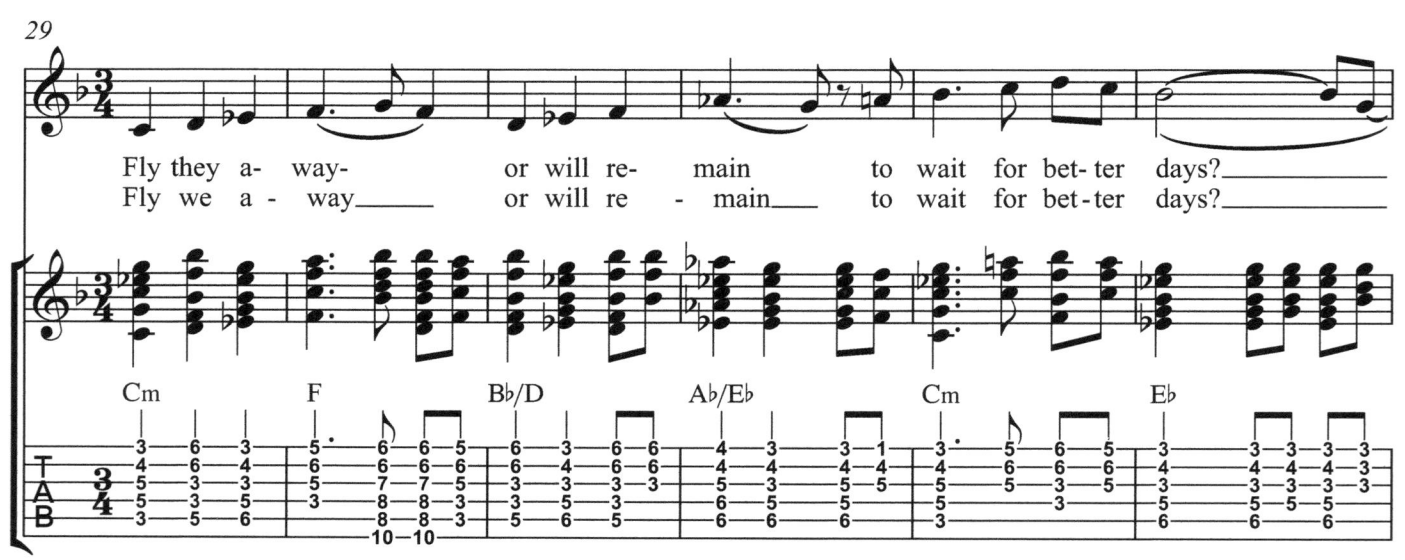

# Glad to see you again

**Andante**

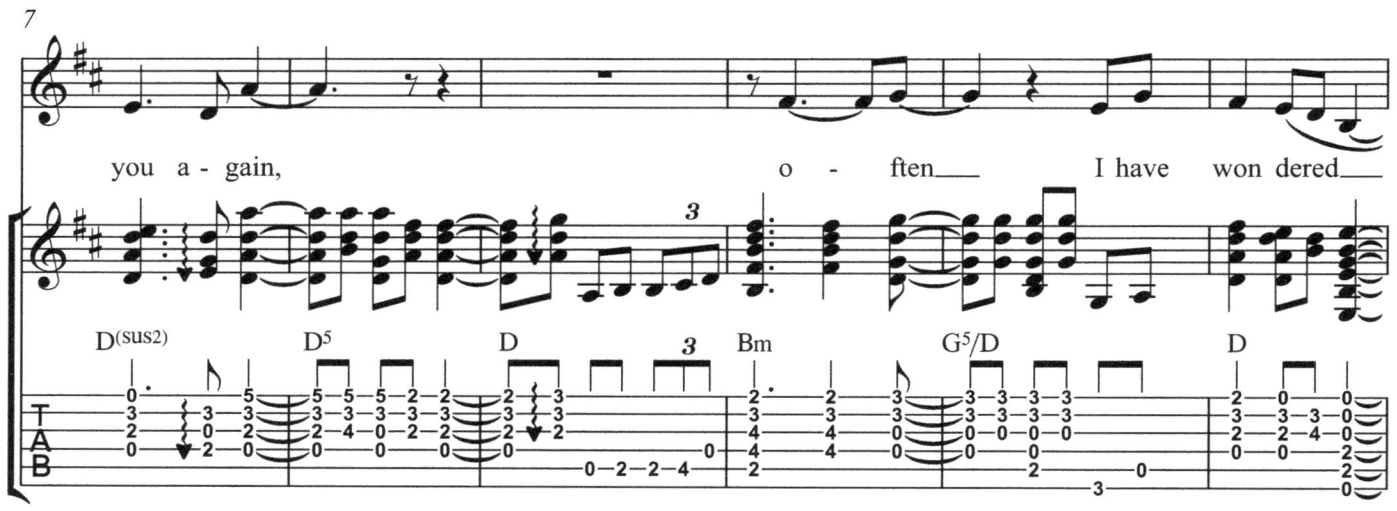

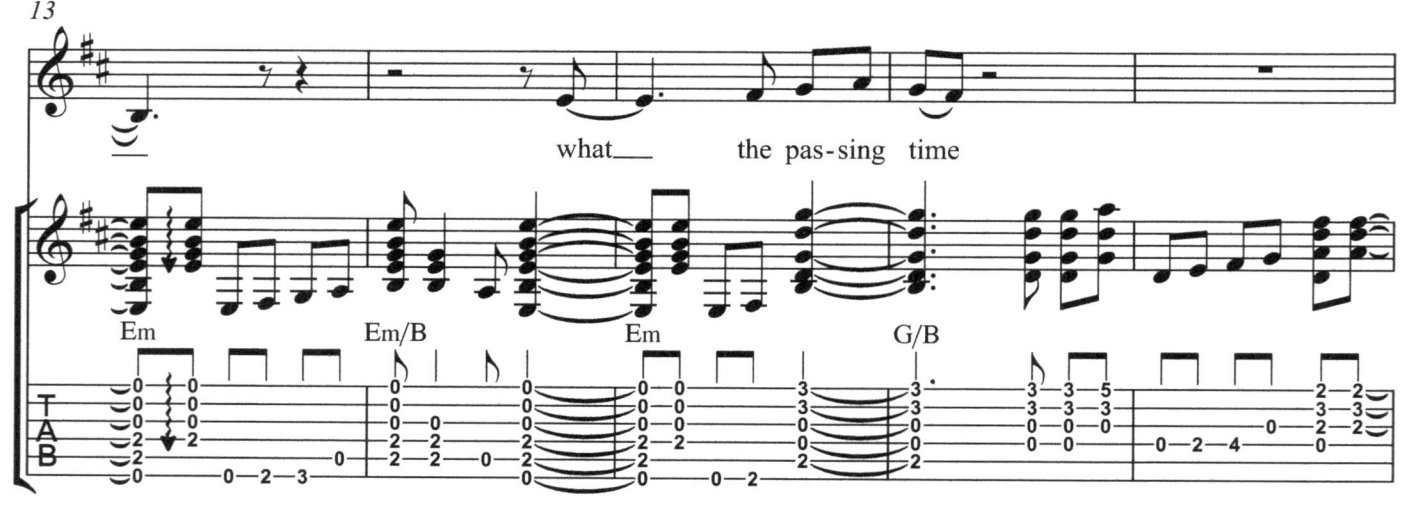

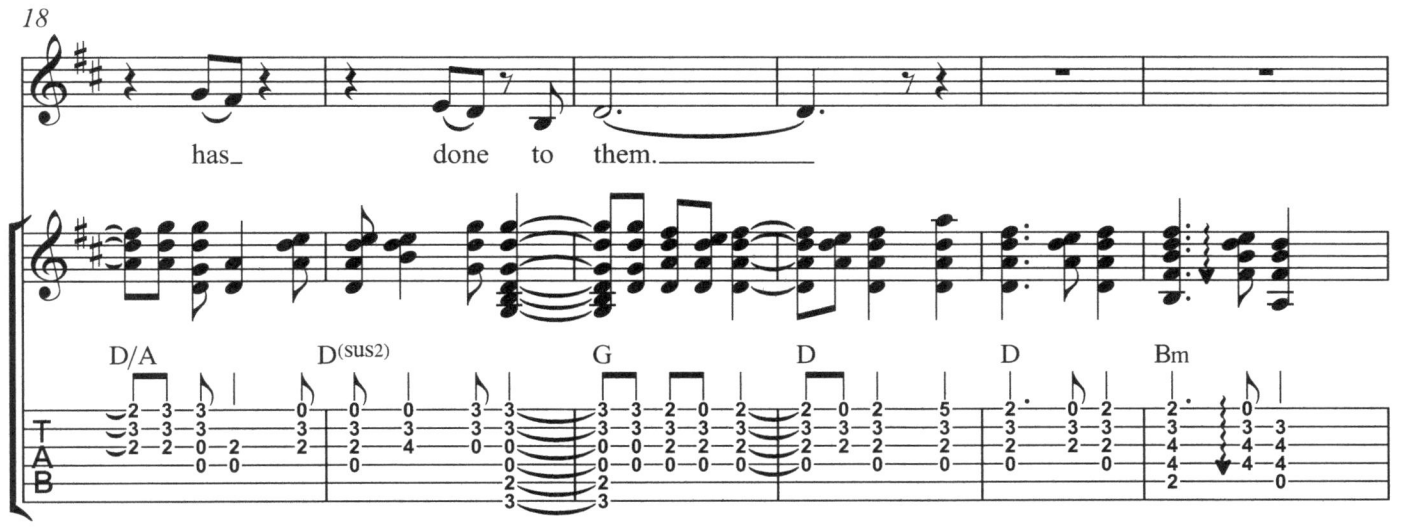

has_ done to them._____

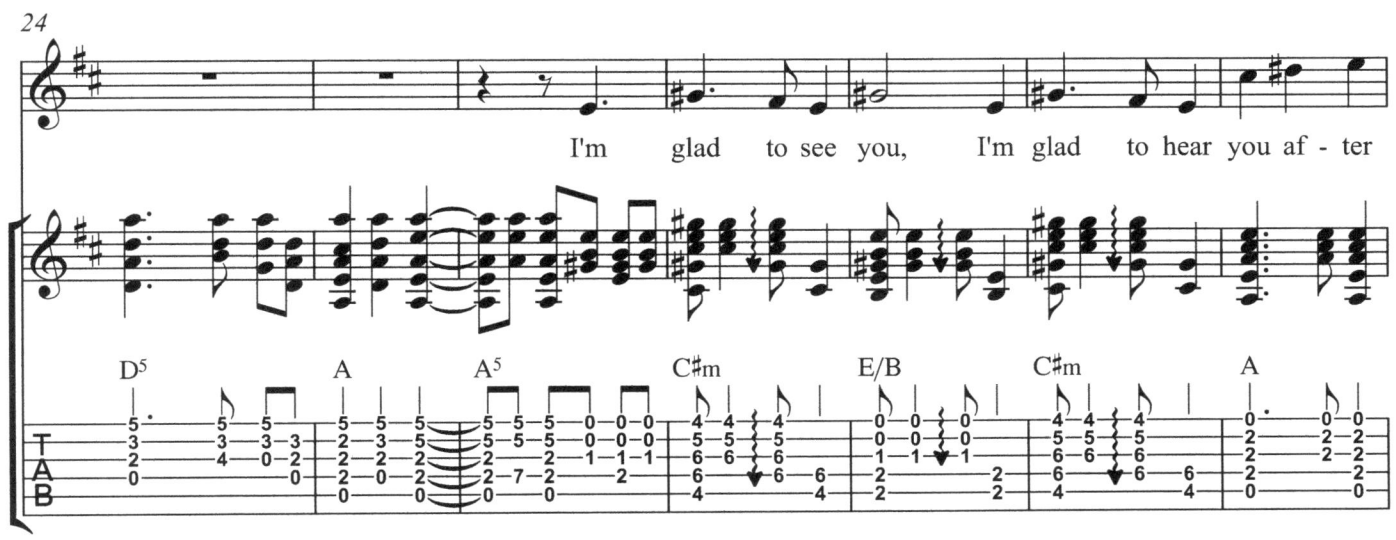

I'm glad to see you, I'm glad to hear you af - ter

such a long time. I o - ften was thin - king and drea - ming of_

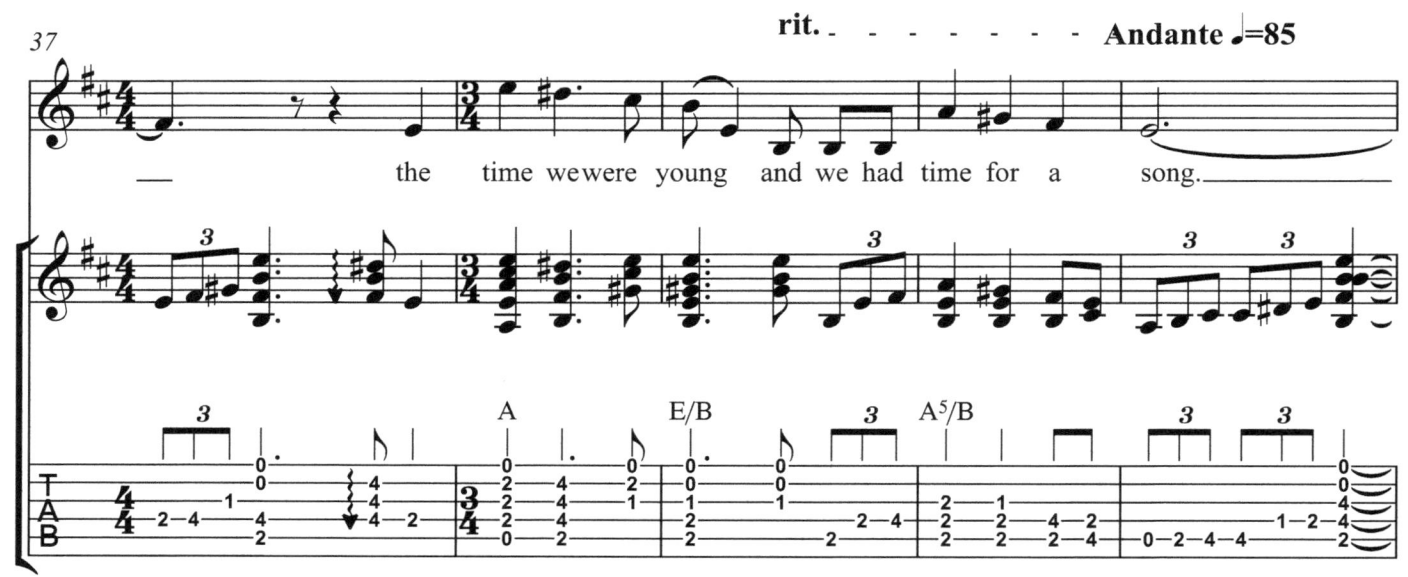

the time we were young and we had time for a song.

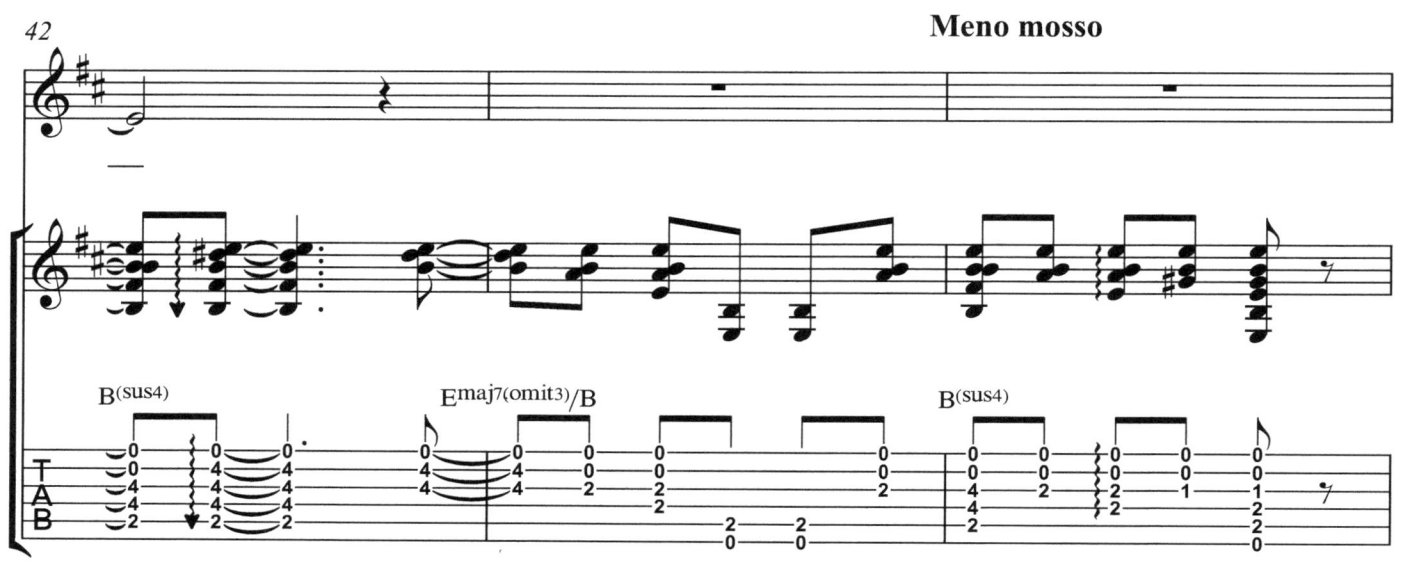

**Meno mosso**

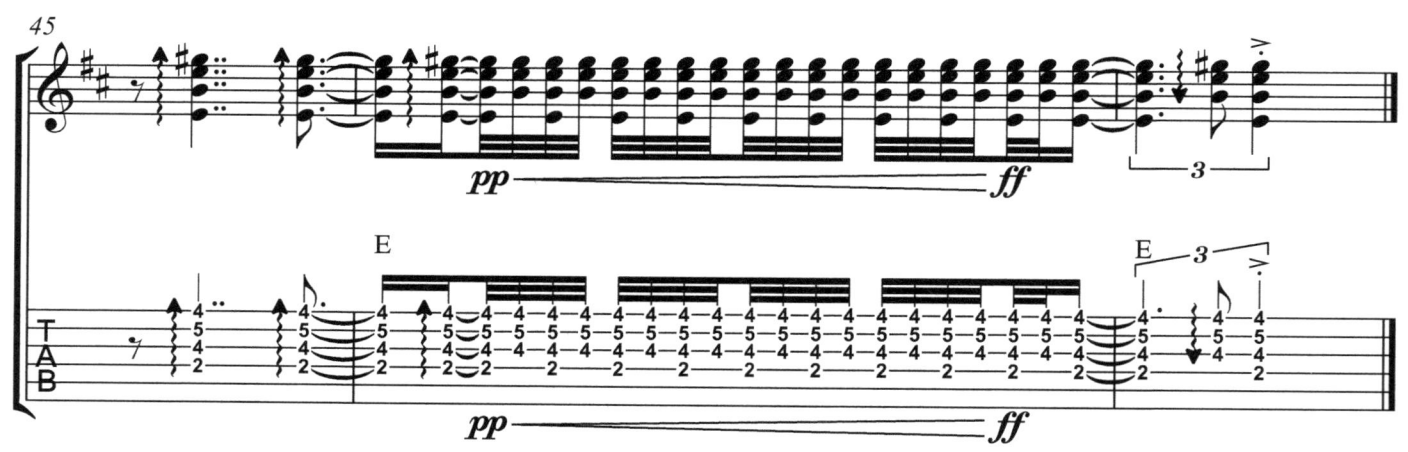

# Lovesong

**Moderato**

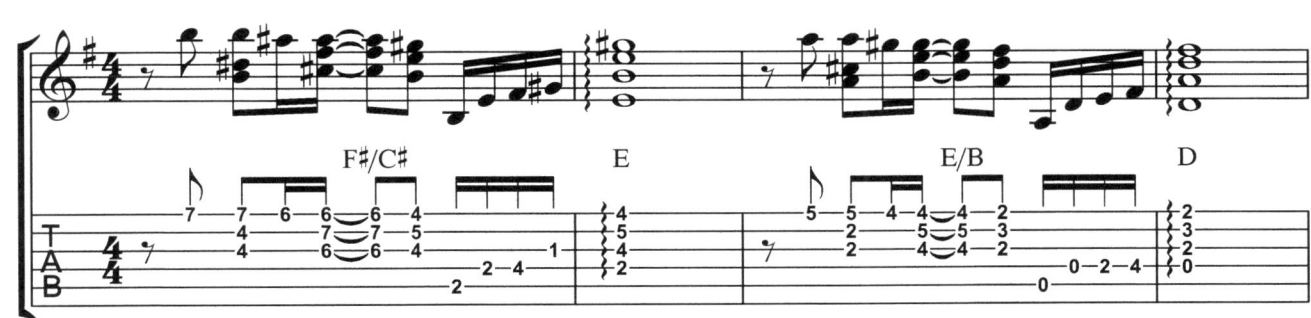

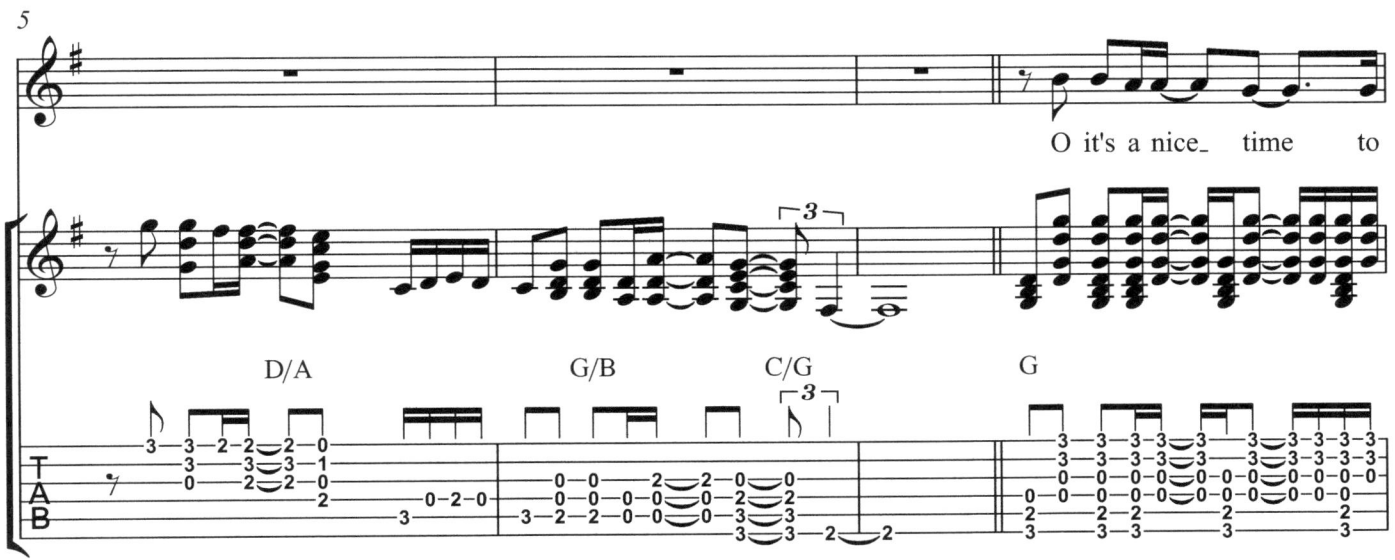

O it's a nice time to

be with you a - lone.                When I look in - to your eyes my

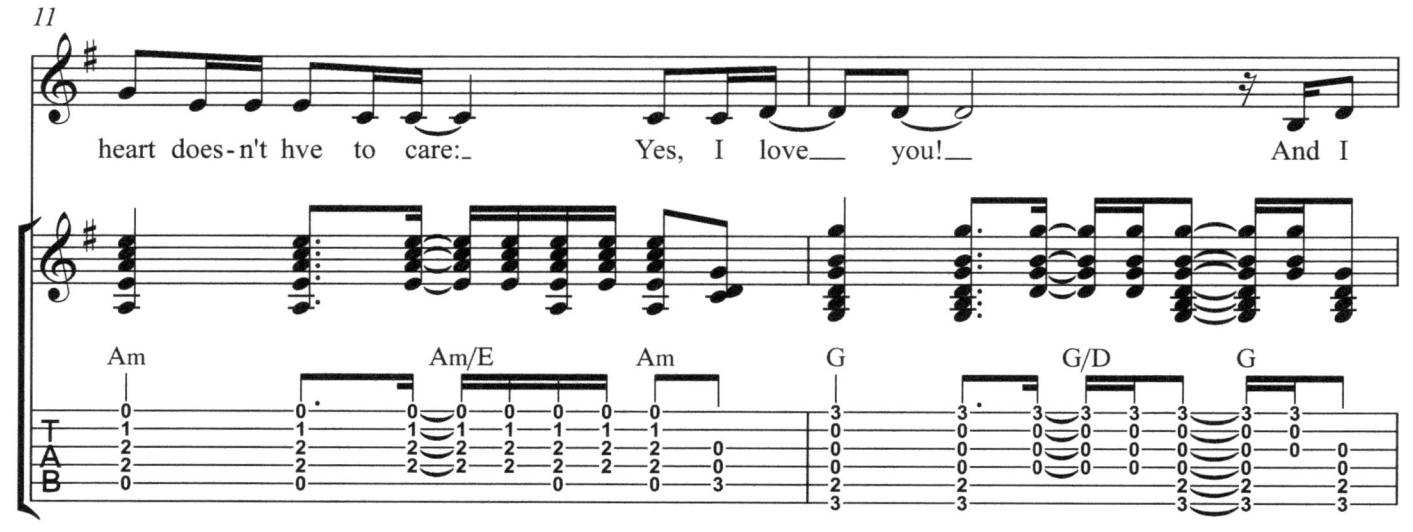

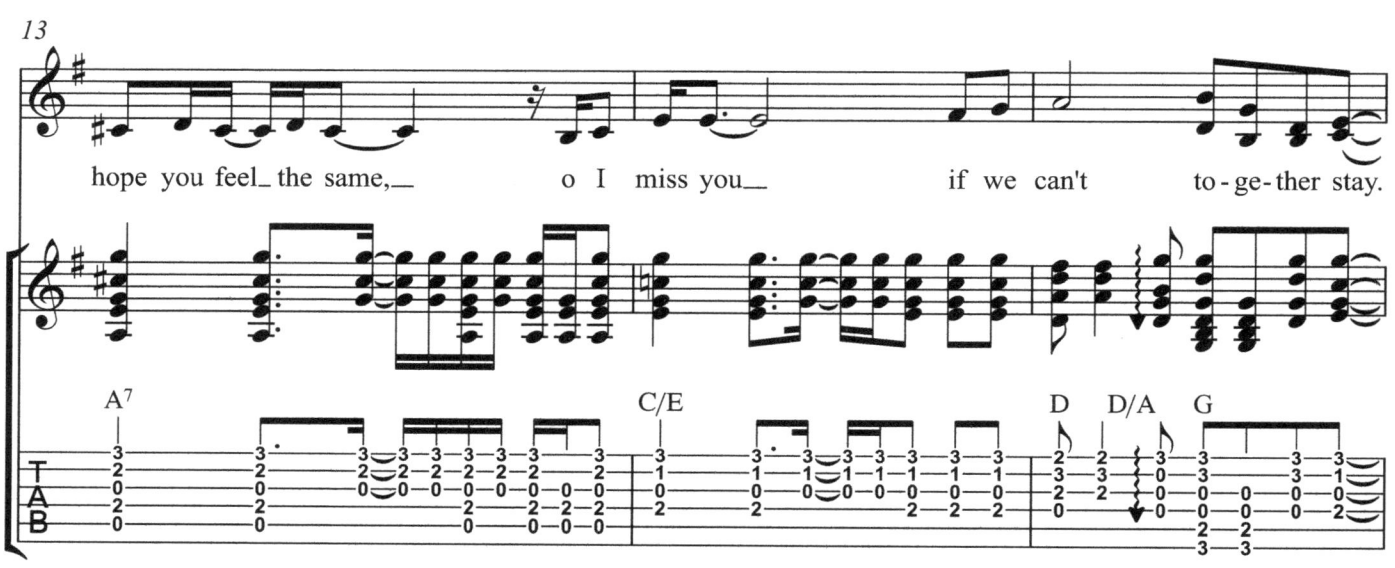

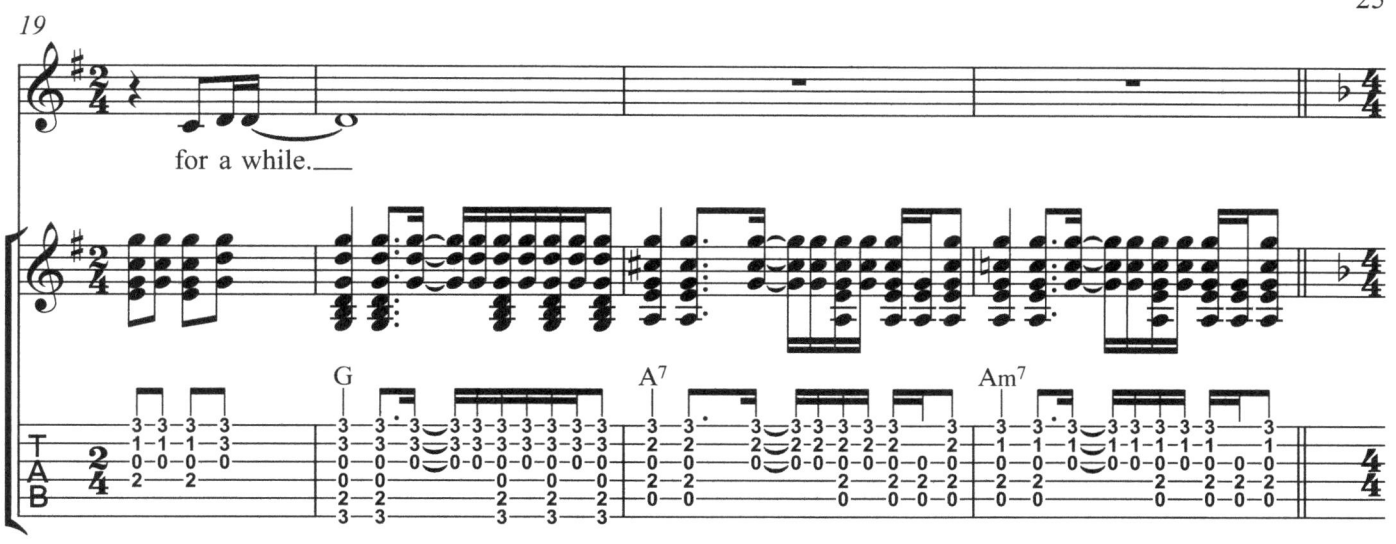

for a while.____

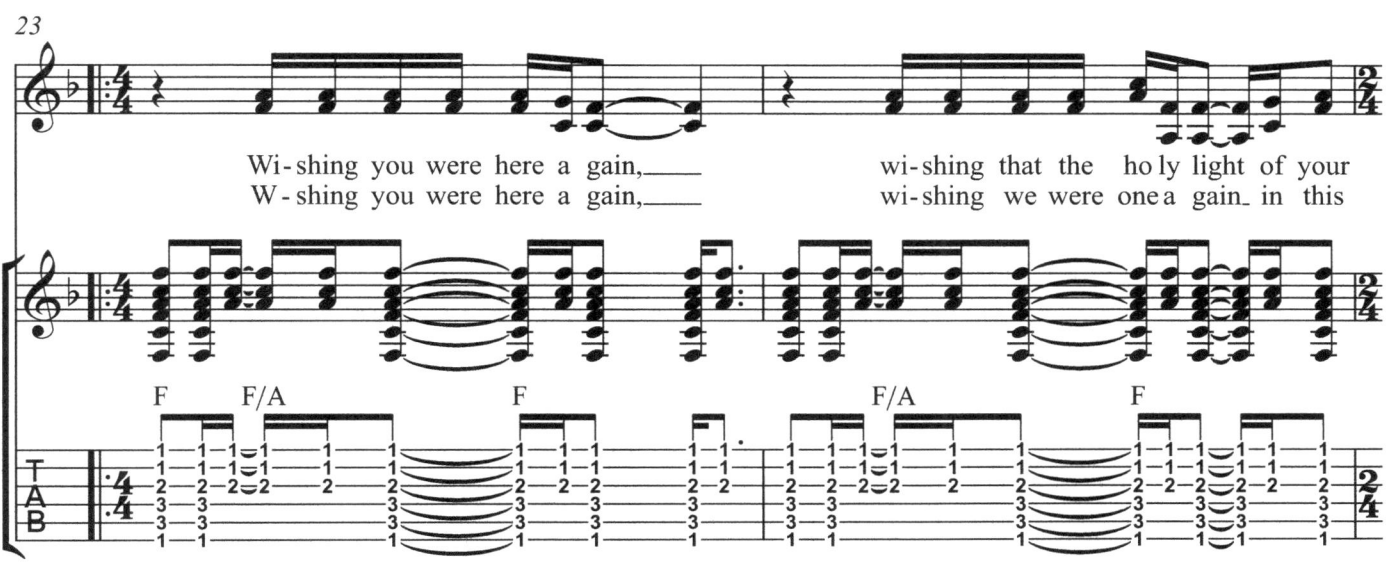

Wi-shing you were here a gain,____ wi-shing that the ho ly light of your
W-shing you were here a gain,____ wi-shing we were one a gain_ in this

eyes shined on. When e-ver I
sta - ry night.____ When e-ver I

hear your voice,
touch your bo - dy,

when e-ver I see your face,

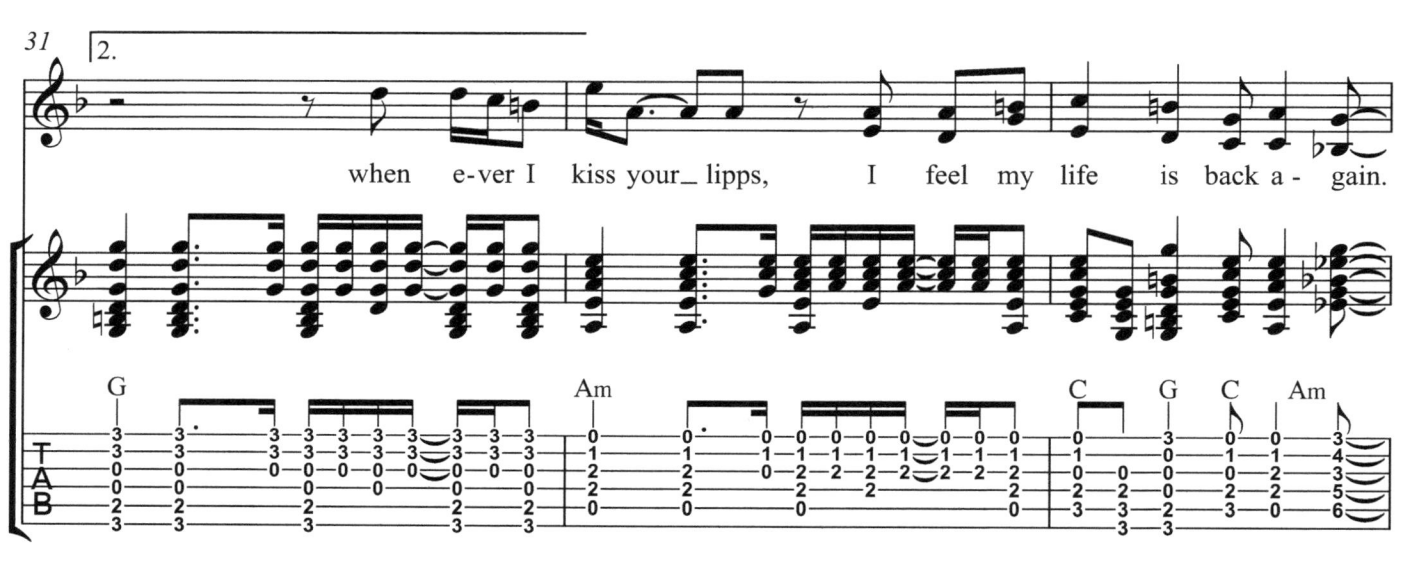

when e-ver I kiss your lipps,    I feel my life   is   back a - gain.

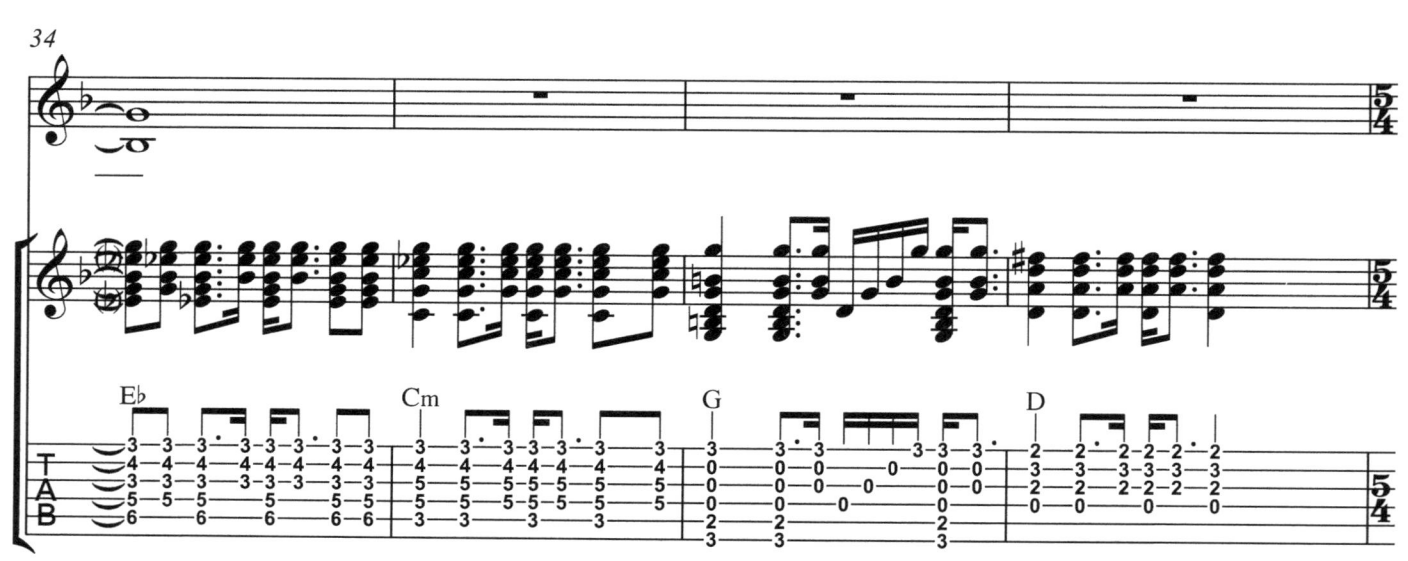

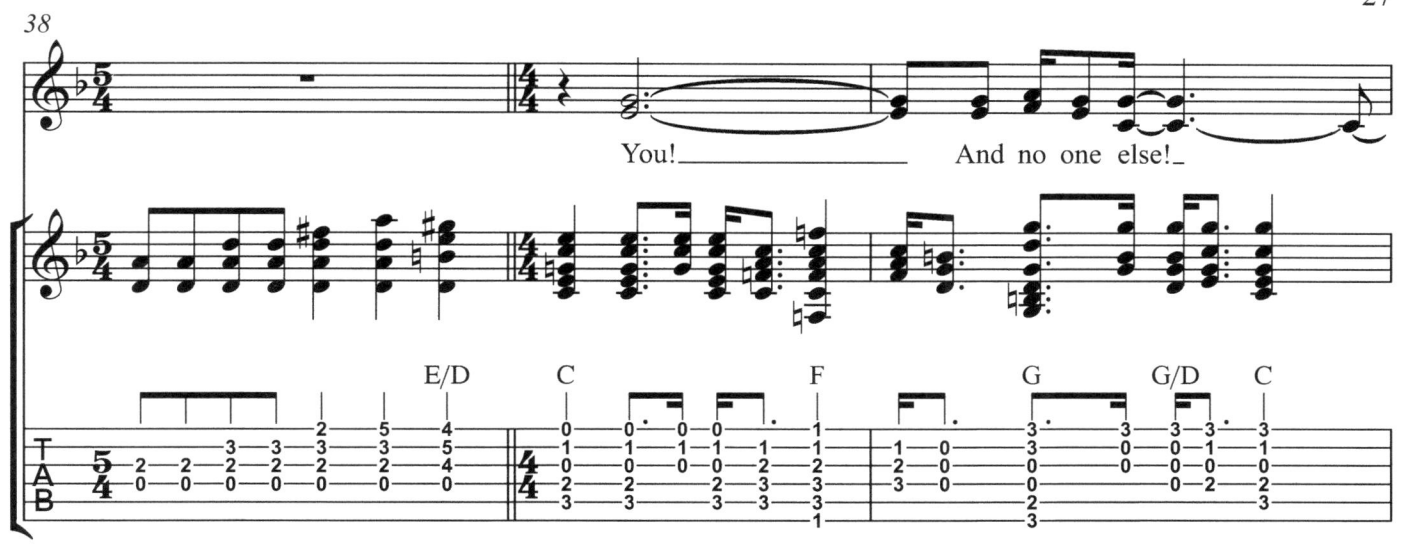

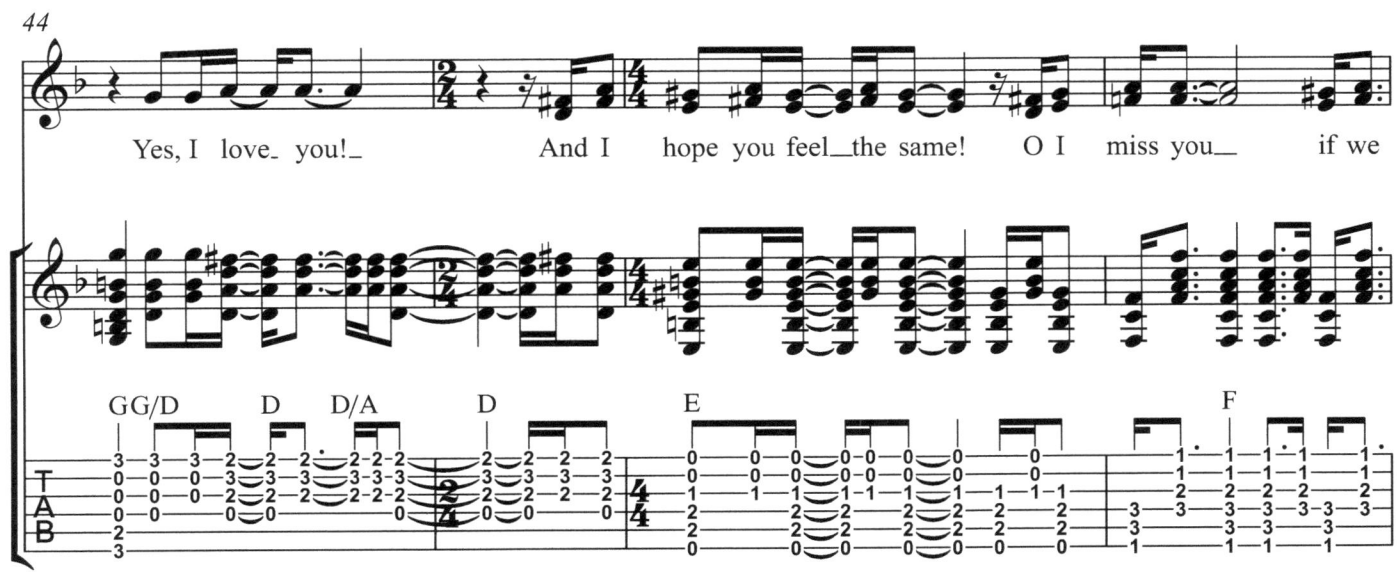

can't to-ge-ther stay!_____ My soul feels free_ and my heart wants to dance

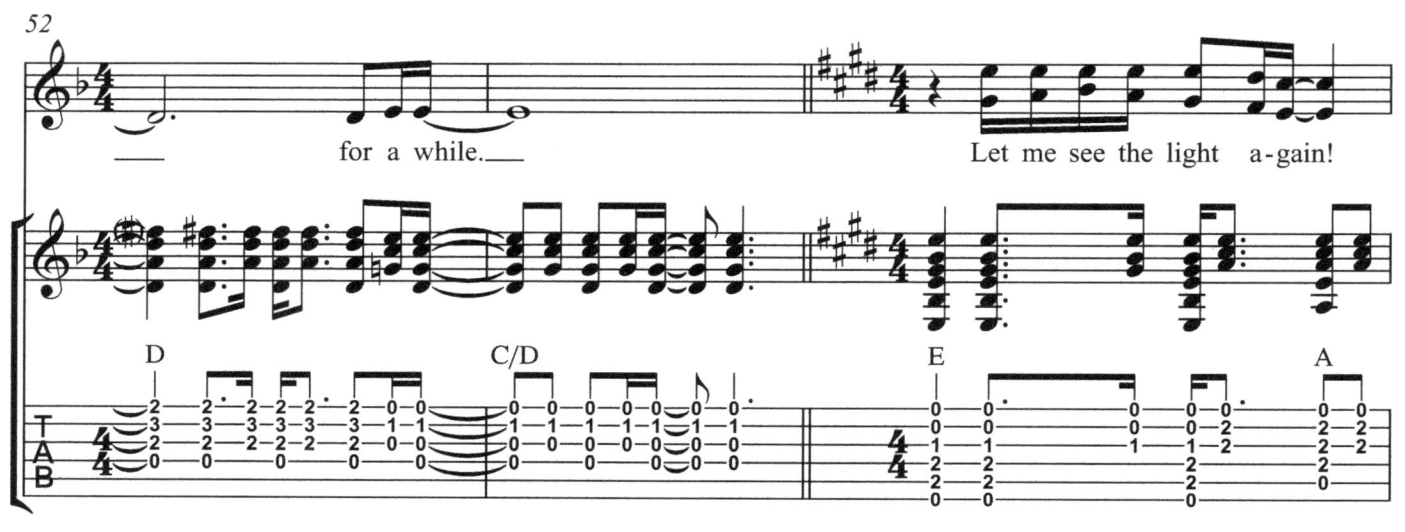

_ for a while._ Let me see the light a-gain!

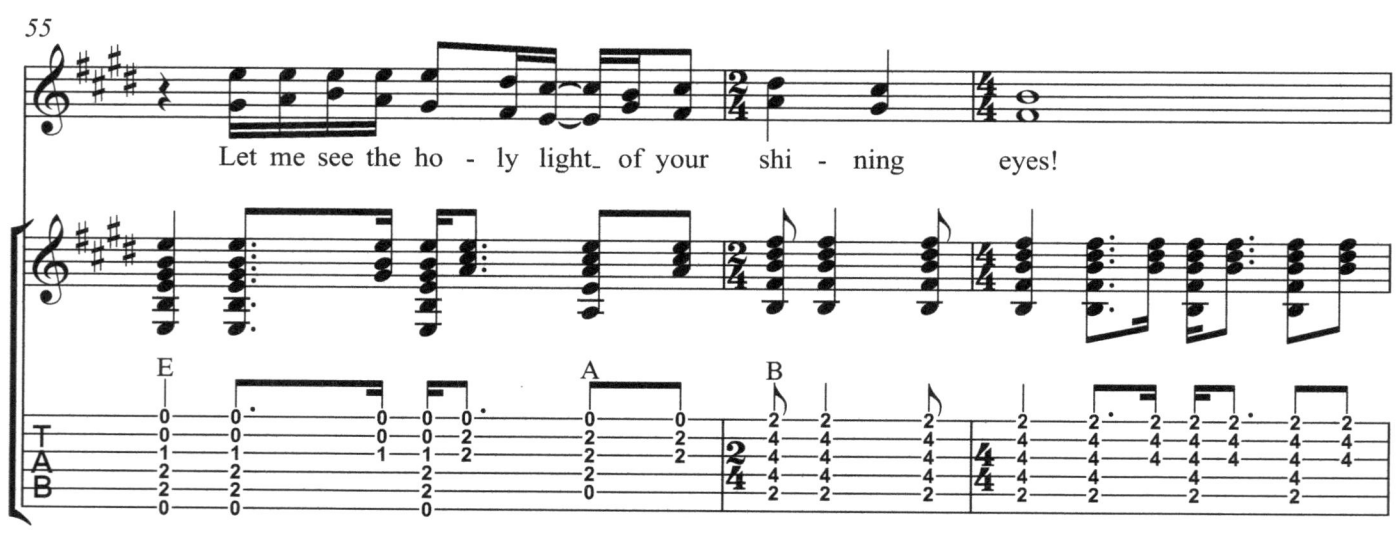

Let me see the ho - ly light_ of your shi - ning eyes!

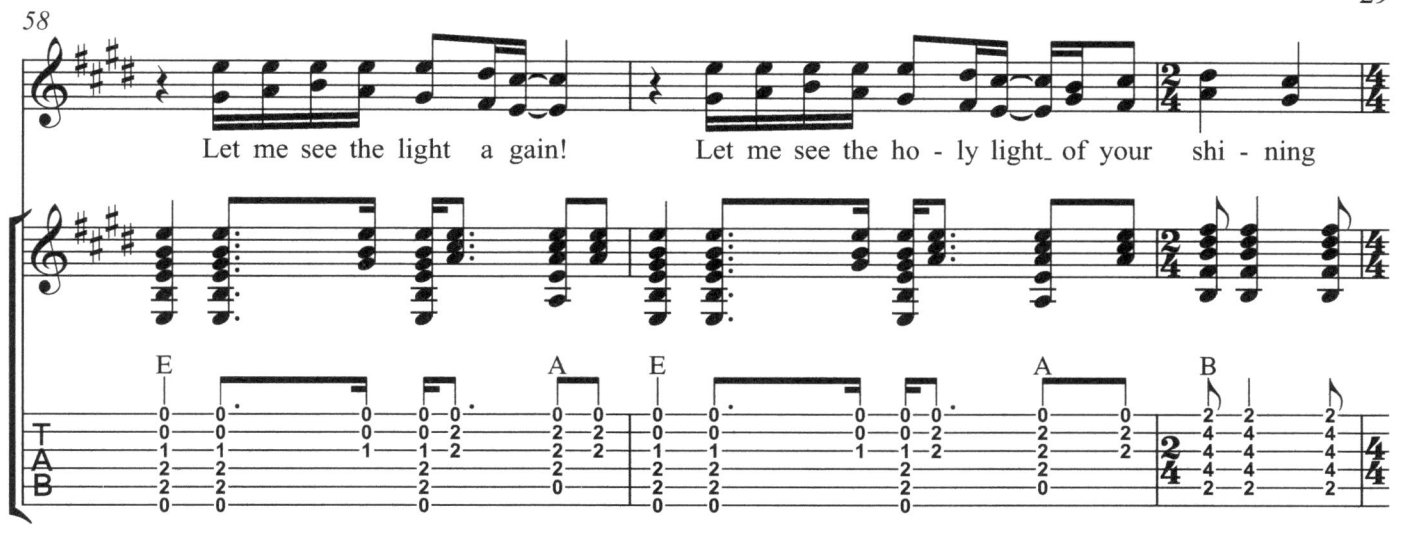

Let me see the light a gain! Let me see the ho - ly light of your shi - ning

eyes! Let me see your

love! Let me feel your love! Let me see your

Let me see your love!

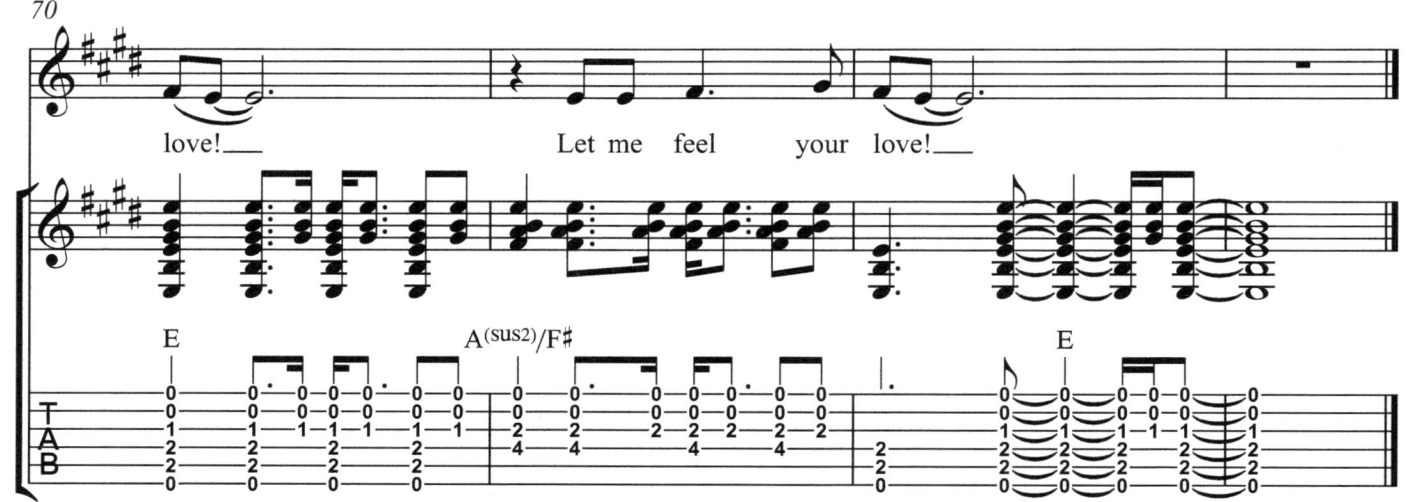

love!___ Let me feel your love!___

# Look at the star!

**Andante**

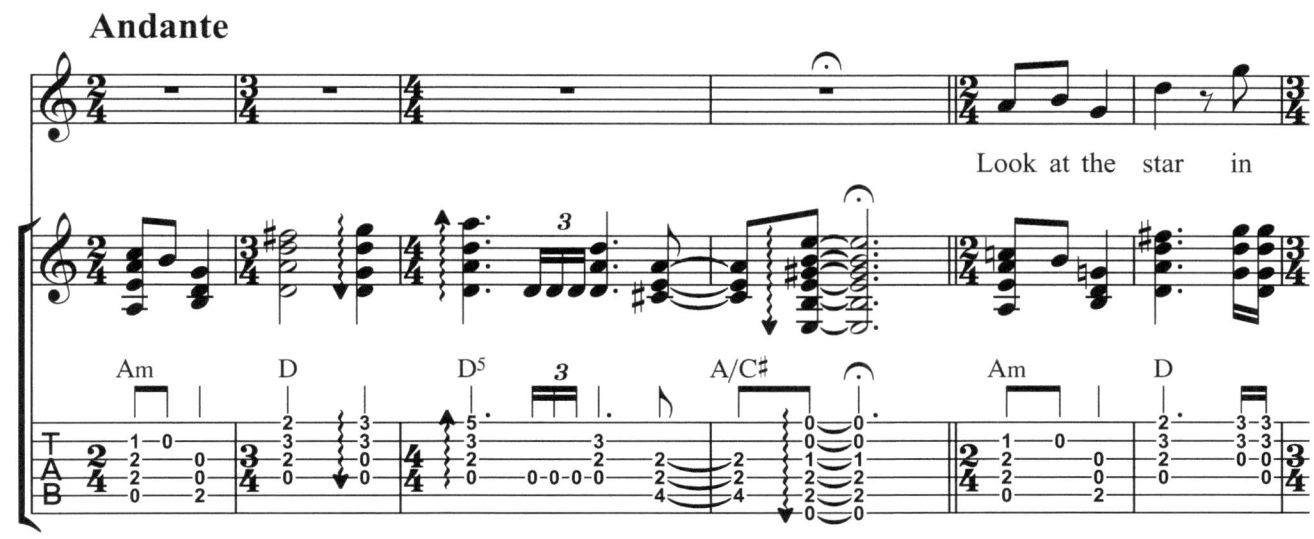

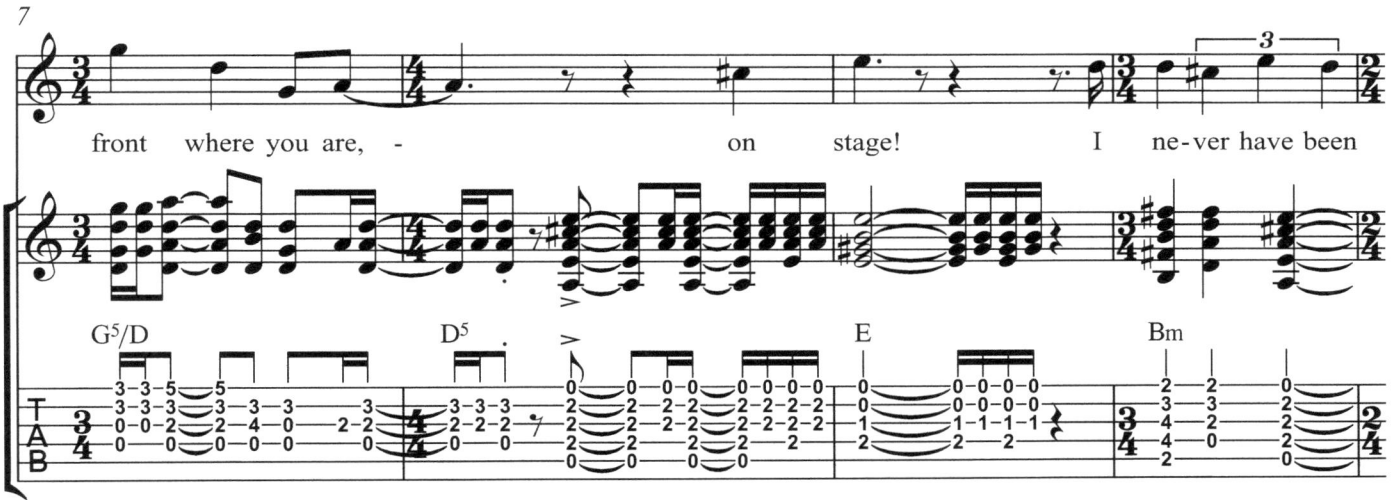

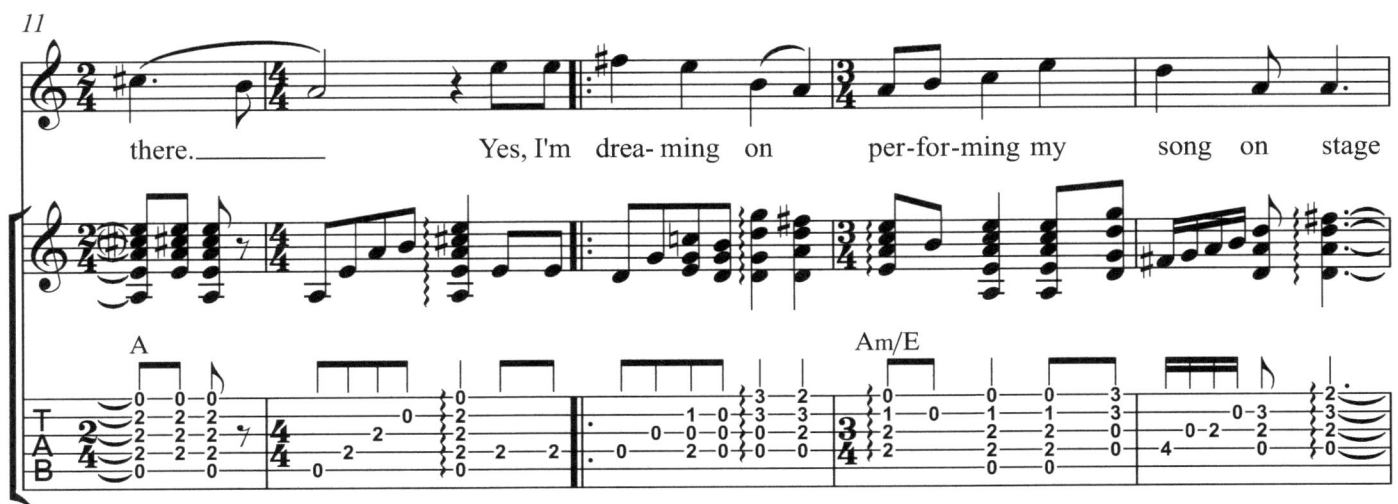

# This is a bright day! A birthday Song for you

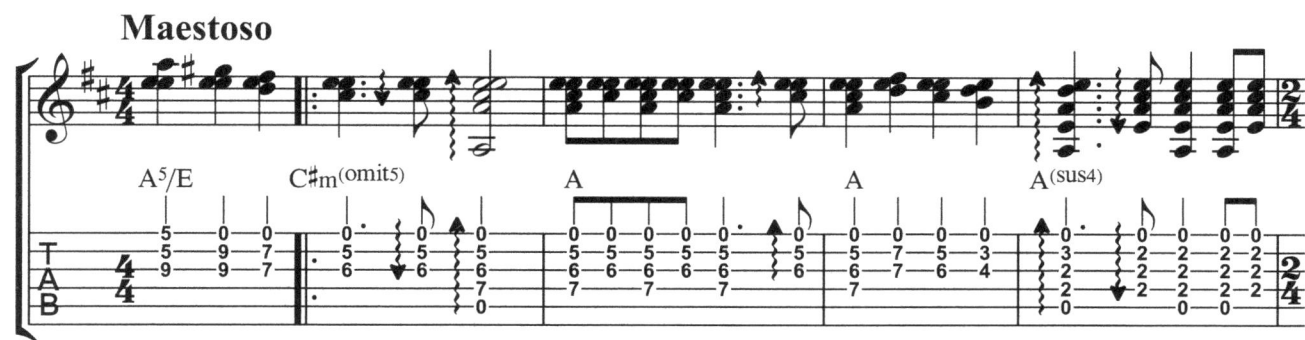

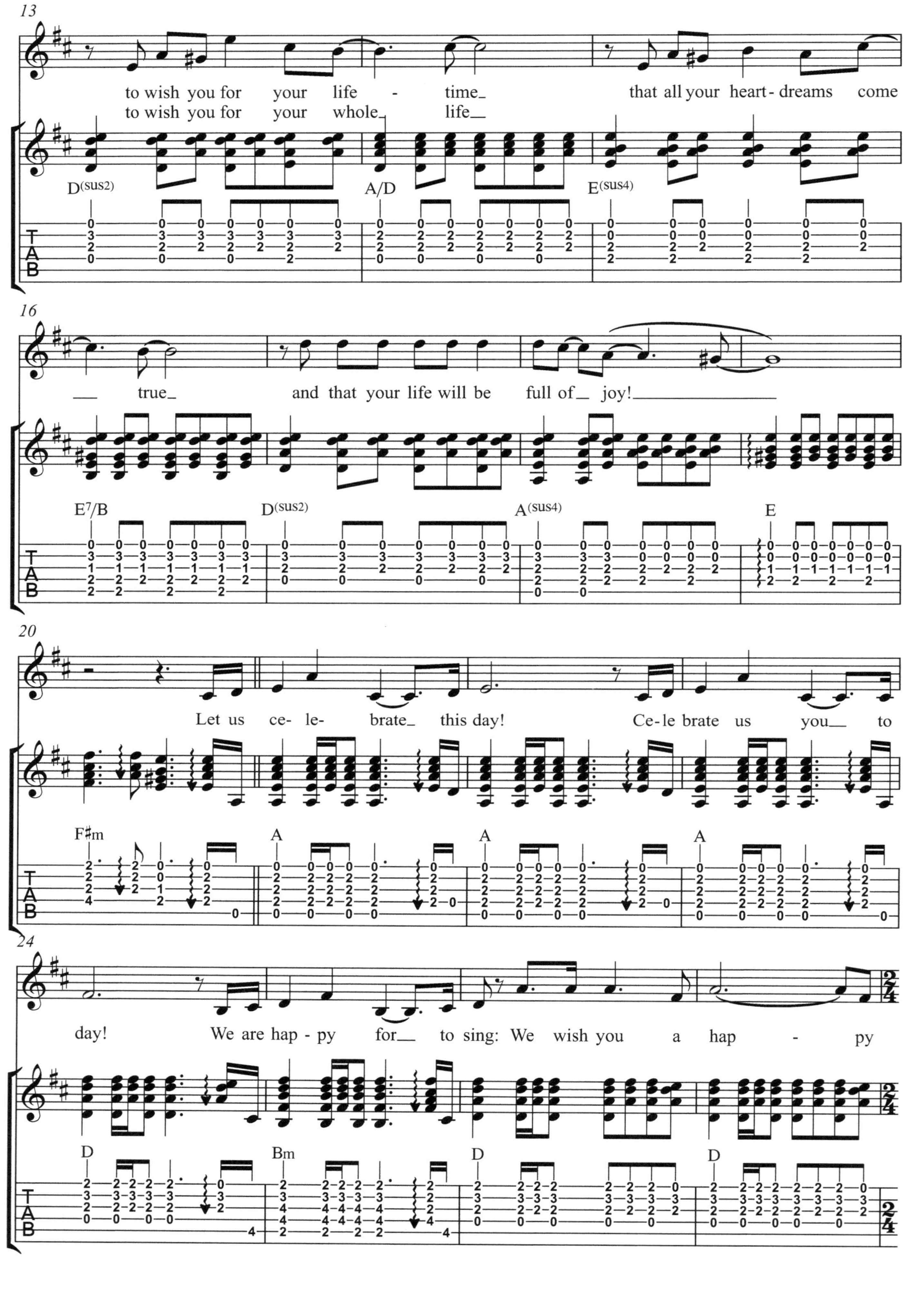
13
to wish you for your life - time_ that all your heart - dreams come
to wish you for your whole_ life_
D(sus2)
A/D
E(sus4)
TAB
16
_ true_ and that your life will be full of_ joy!
E7/B
D(sus2)
A(sus4)
E
TAB
20
Let us ce- le- brate_ this day! Ce-le brate us you_ to
F♯m
A
A
A
TAB
24
day! We are hap - py for_ to sing: We wish you a hap - py
D
Bm
D
D
TAB

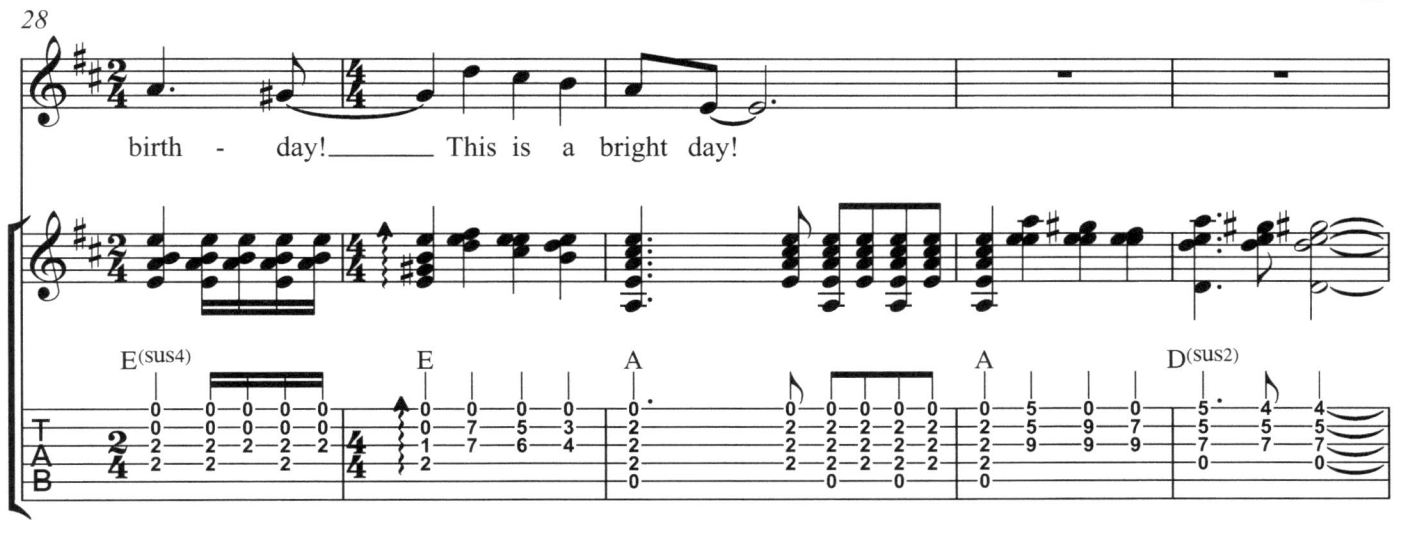

birth - day!_____ This is a bright day!

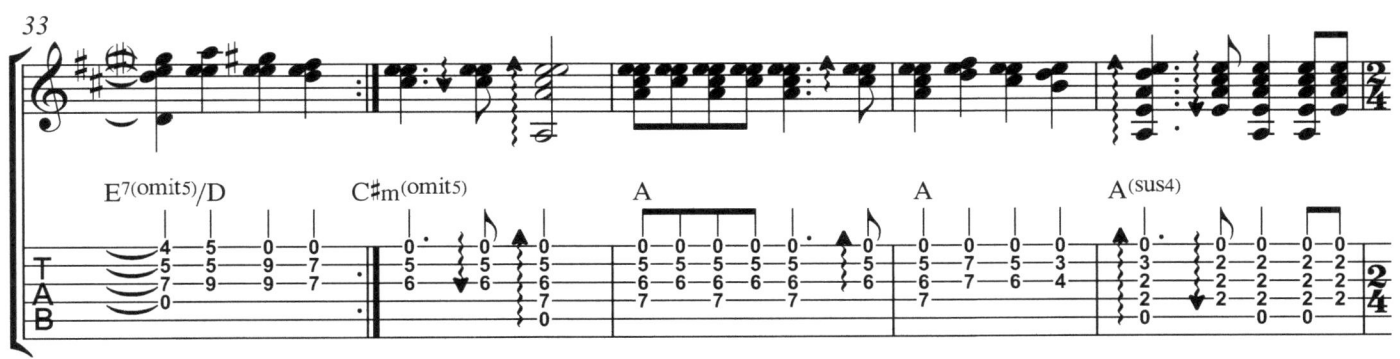

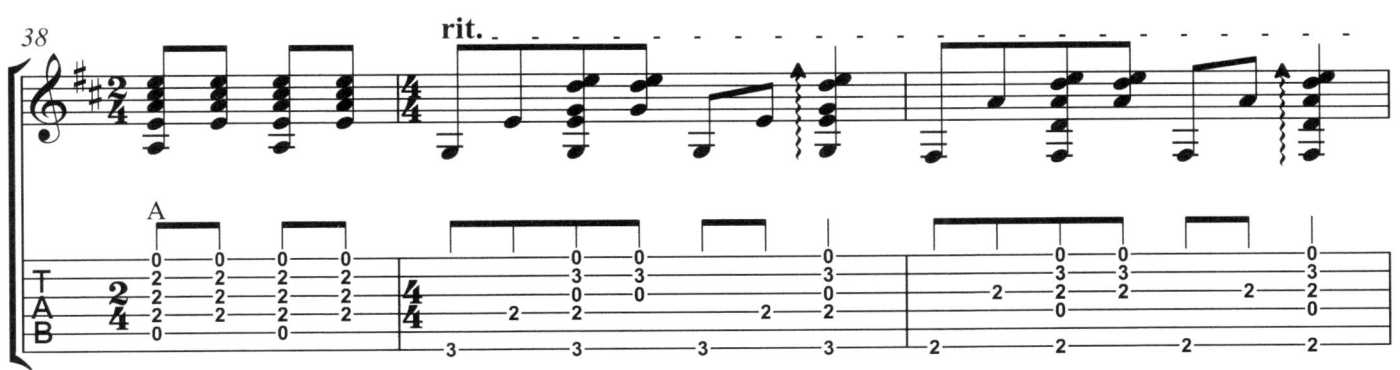

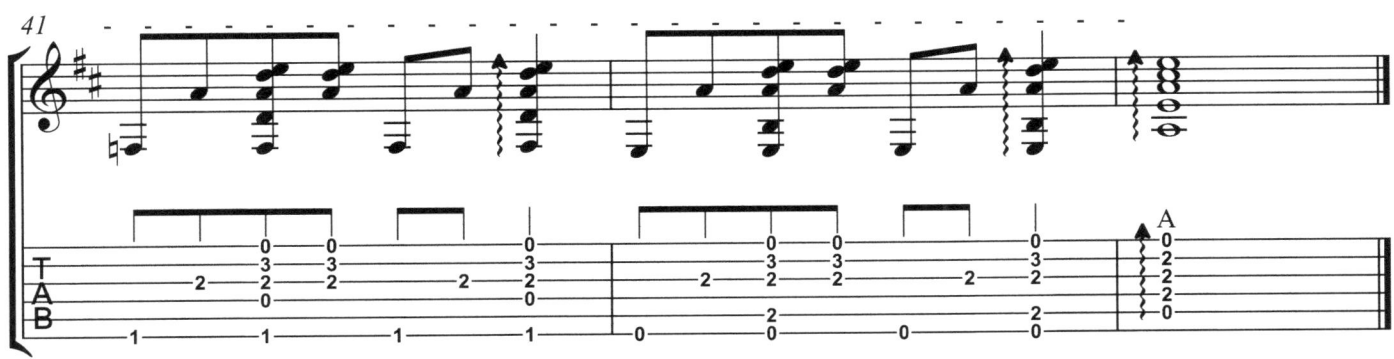

# Wunderland

**Moderato**

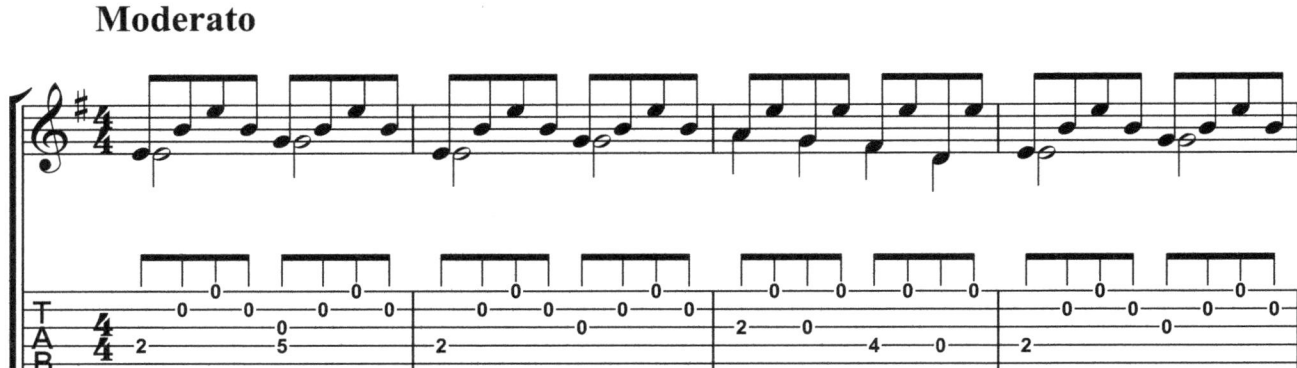

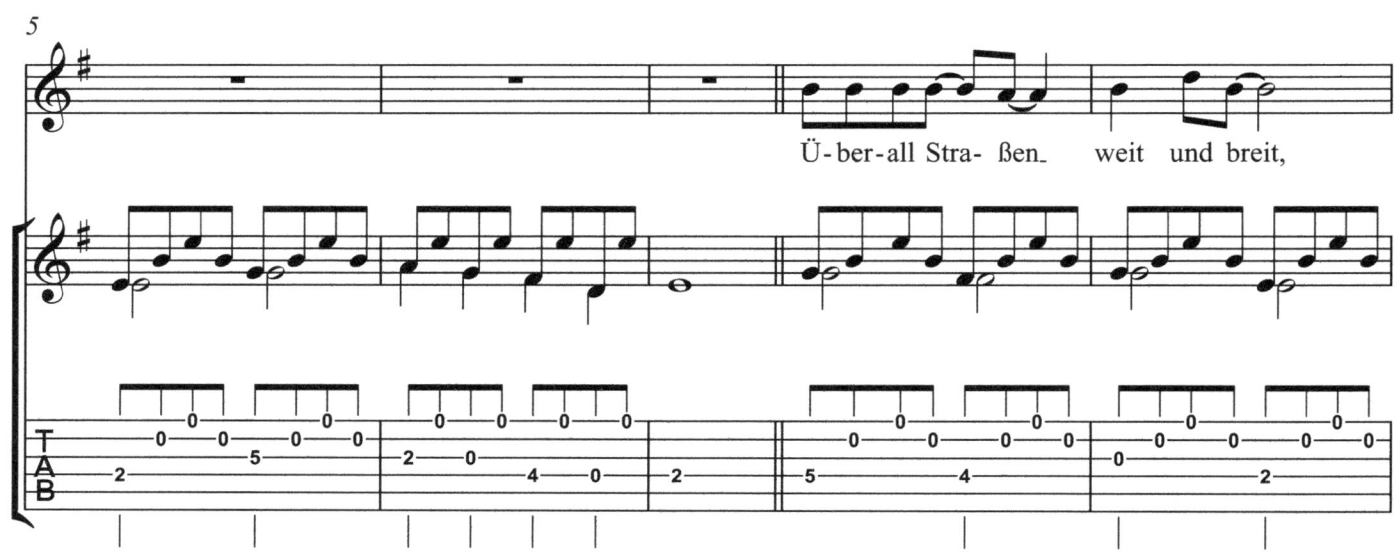

Ü- ber- all Stra- ßen‿ weit und breit,

Land- schaf- ten wur- den‿ weg- ra diert: Erst Lie- be zum Au - to gibt dem Le - ben ei - nen

Sinn!__ Wun - der - land, Wun - der - land,

wir le - ben im Wun - der - land, Wun - der - land, wir le - ben im

Wun - der - land von Au - tos!__ Je - der hat sein eig - nes Au - to;

um in's Grü - ne zu - ge - lan - gen fährt er los,_____

reiht sich ein in ei - ne Schlan - ge, um dort stun - den - lang zu at - men

Koh - len - stoff - mo - no - xid.

Wun - der - land, Wun - der - land, wir le - ben im Wun - der - land,

# Das alte Lied vom Leid der Erde

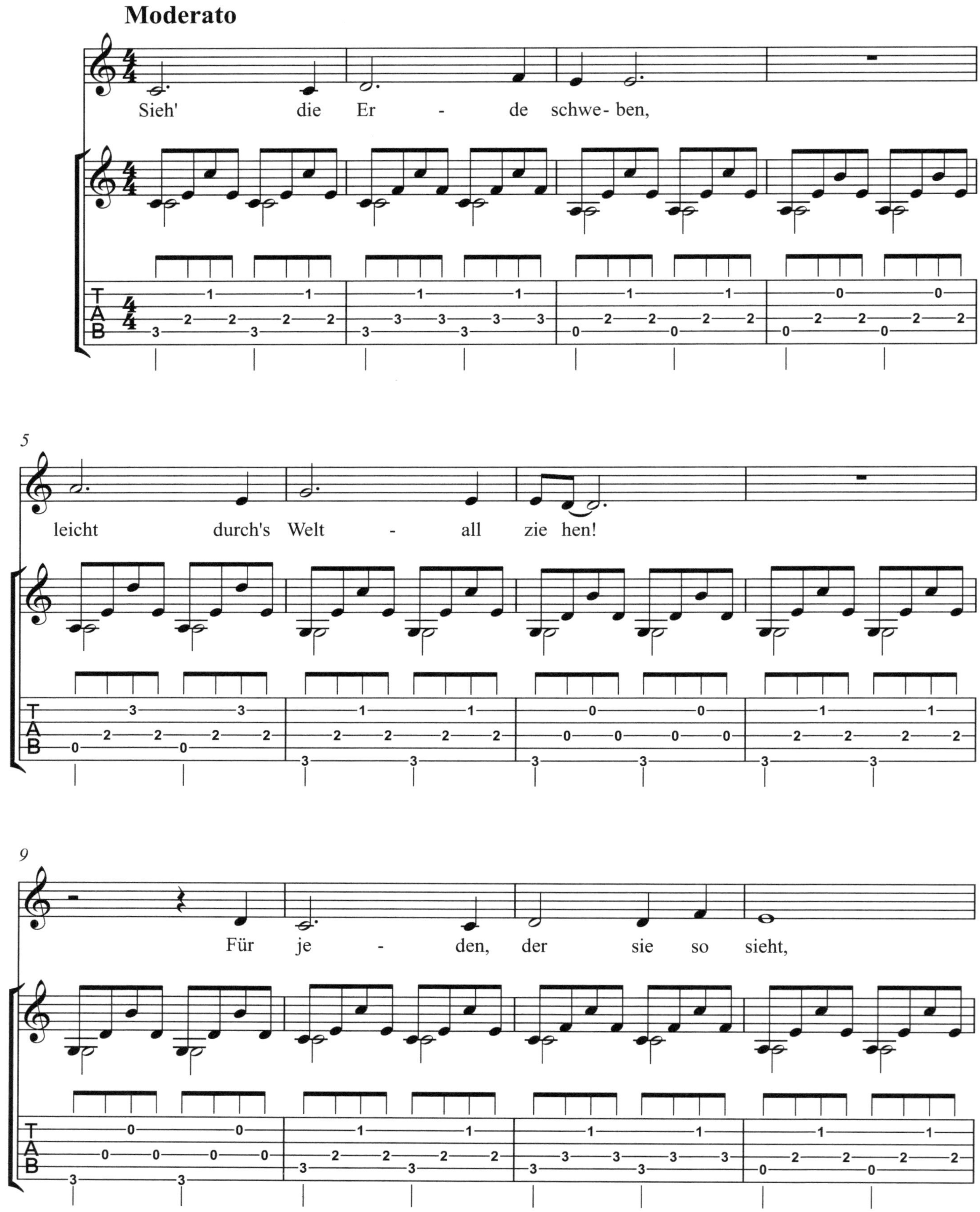

Moderato
Sieh' die Er - de schwe- ben,
5
leicht durch's Welt - all zie hen!
9
Für je - den, der sie so sieht,

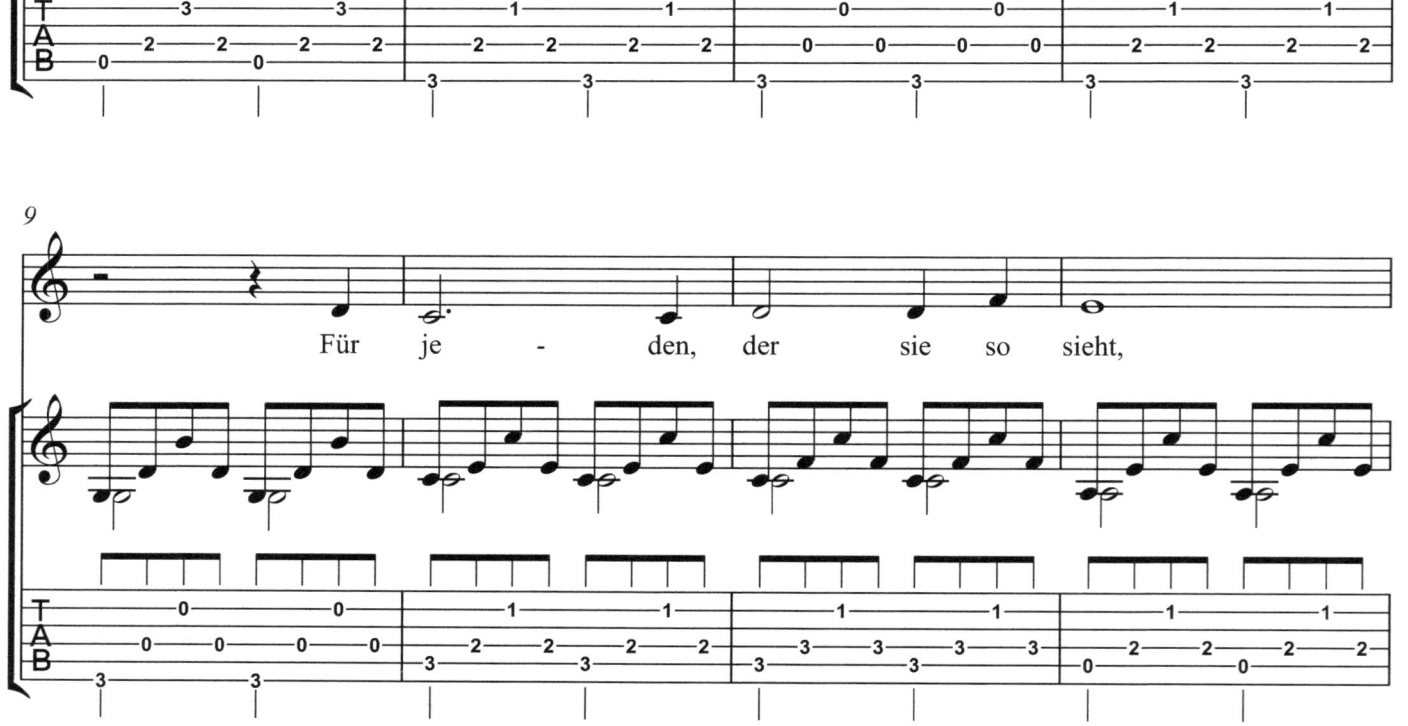

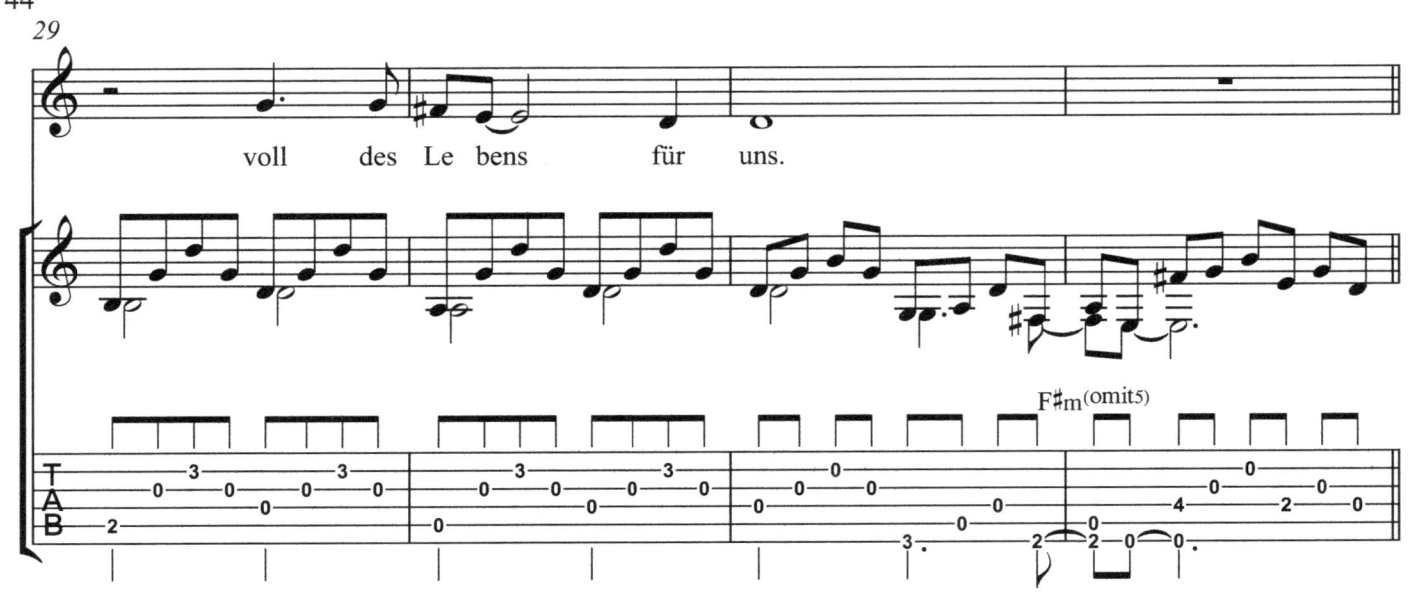

voll des Le bens für uns.

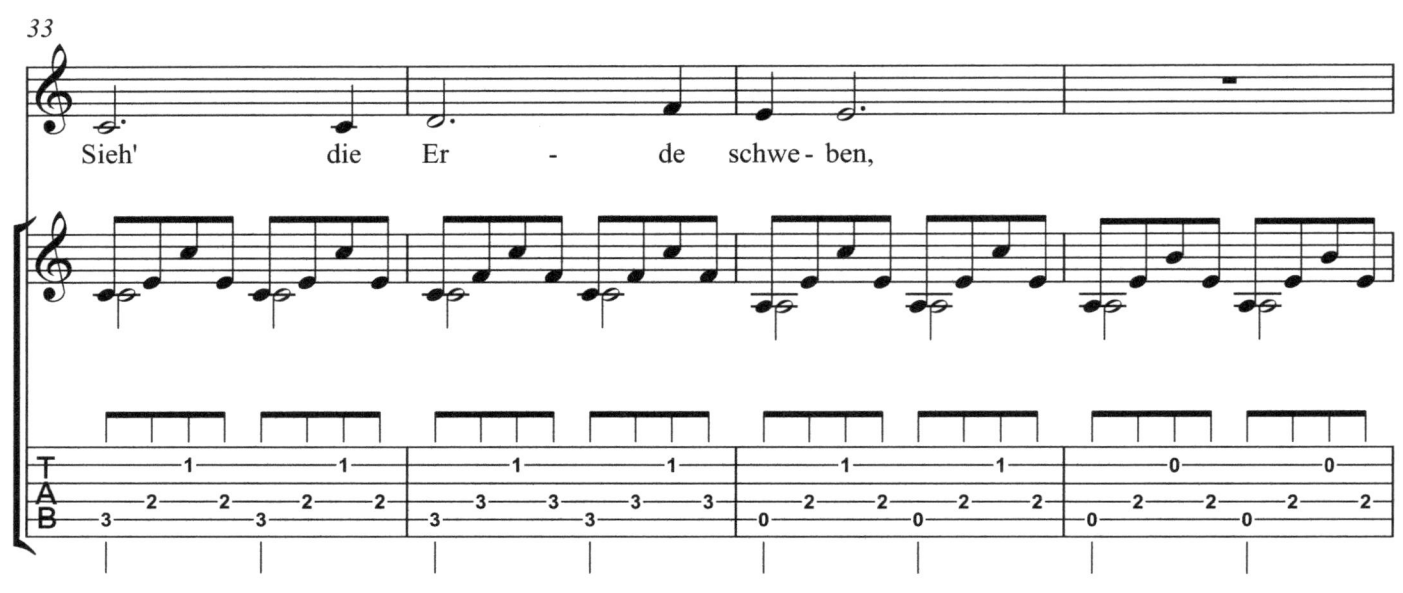

Sieh' die Er - de schwe - ben,

wie ein Luft - bal - lon sich he - ben!

Blau noch von Got - tes Be - rüh - rung,

treibt sie ih - rer Be - stim - mung ent - ge - gen.

Sie steigt hin - auf bis an__ den

Rand der__ Welt, wo einst ihr Schöp - fer für sie

48

Wun der,___ voll des Le bens, ver - geh'n.

# Lieder für die Katze

Lie- der für die Ka - tze    sin- ge ich für dich!

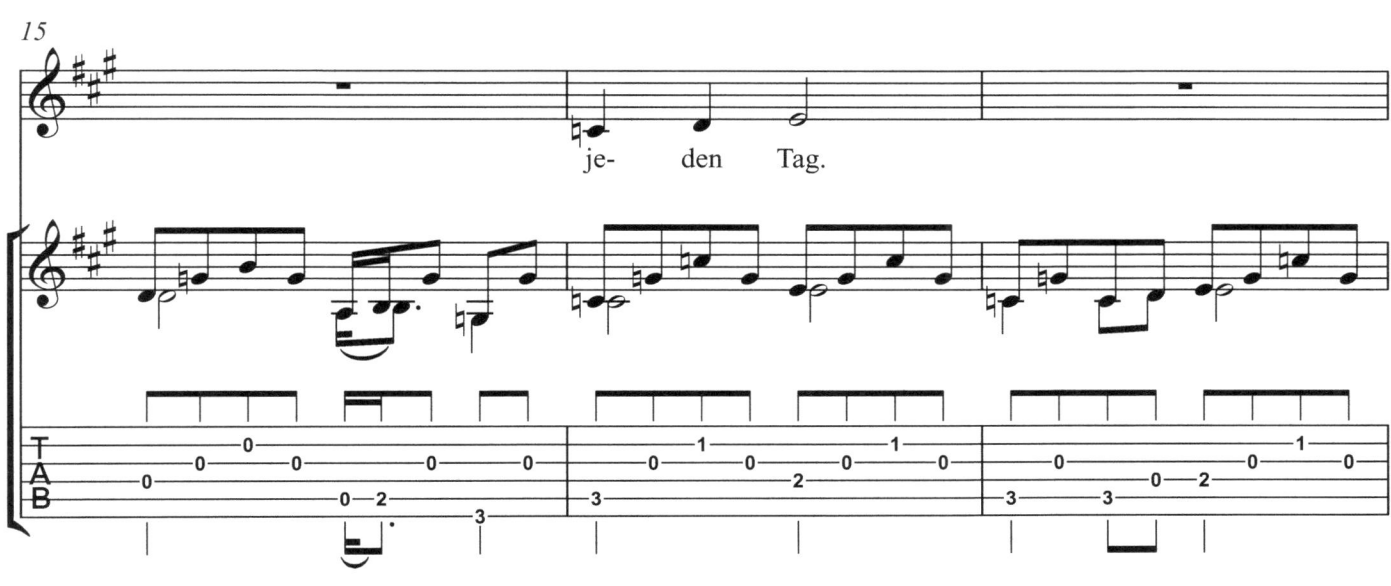

je- den Tag.

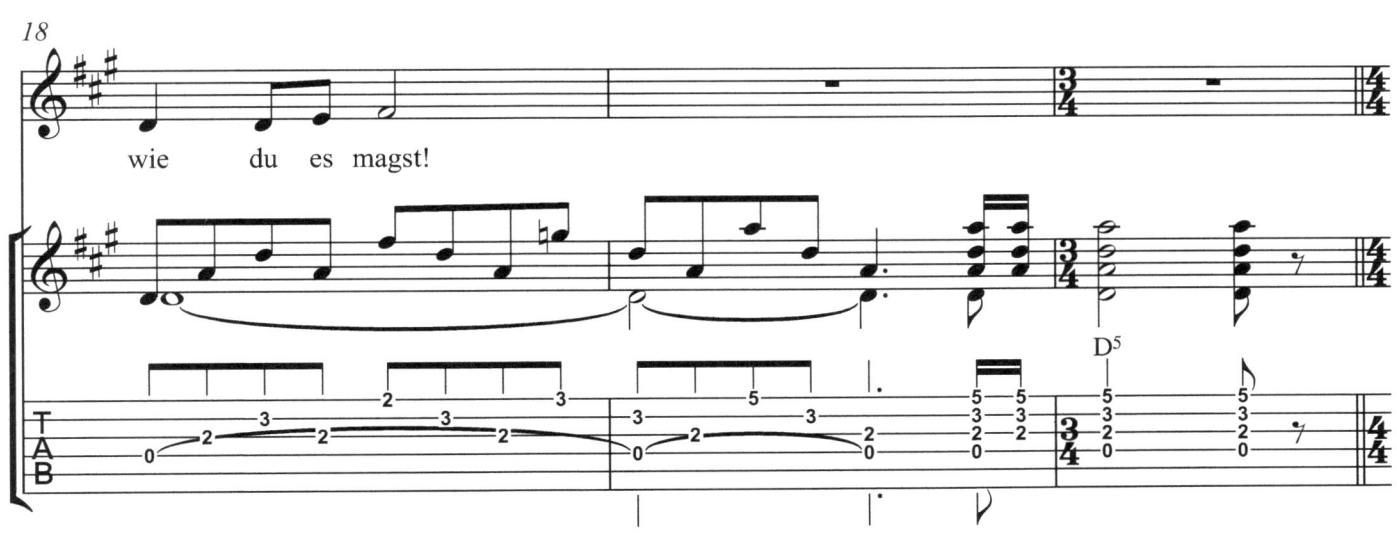

wie  du es magst!

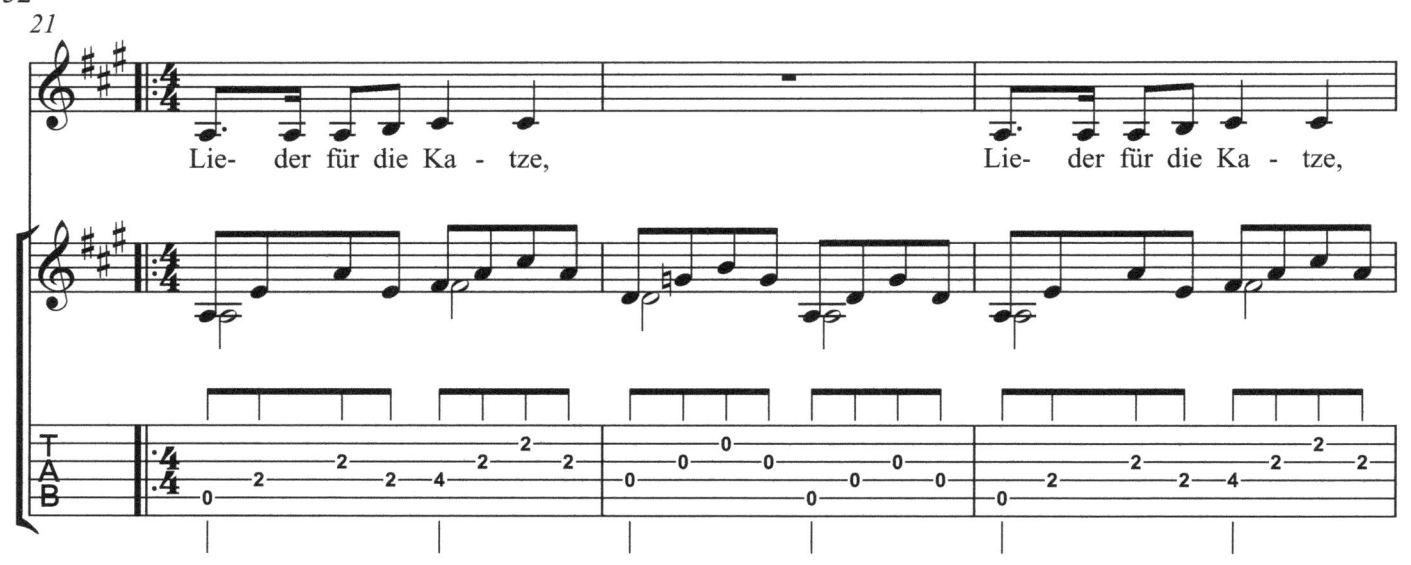

Lie- der für die Ka - tze, Lie- der für die Ka - tze,

Lie- der für die Ka - tze.

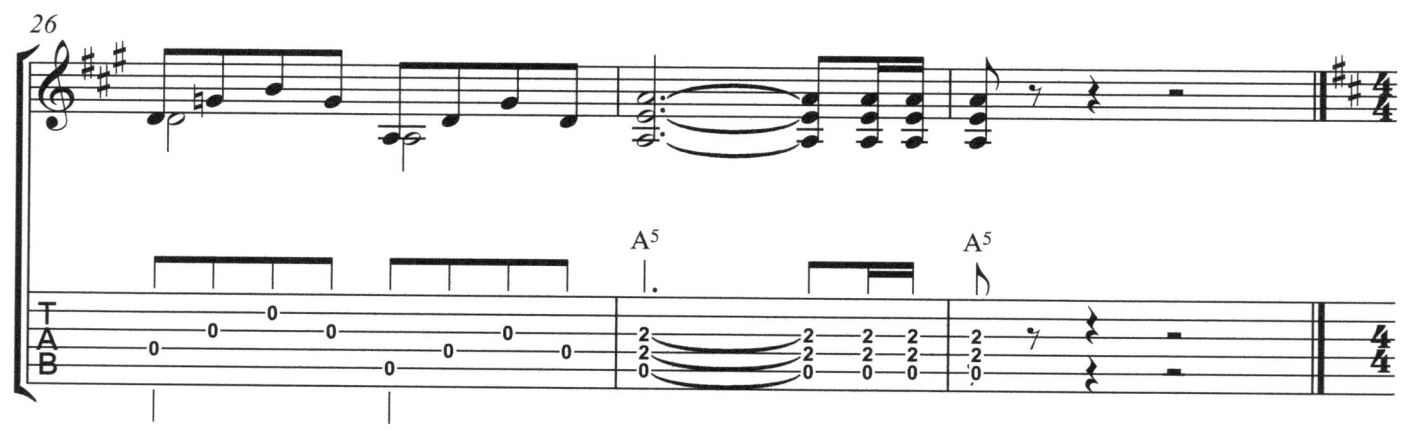

# Wenn die Katze schnurrt

**Andante**

Denn wenn die Kat- ze schnurrt, schnurrt,

ist die Welt so schön,
den-ke ich da - ran,

dann schaut sie ver-
wie die Welt so

liebt
schön

mich mit bei-den Au-gen an.
für uns al - le sein__ kann.

54

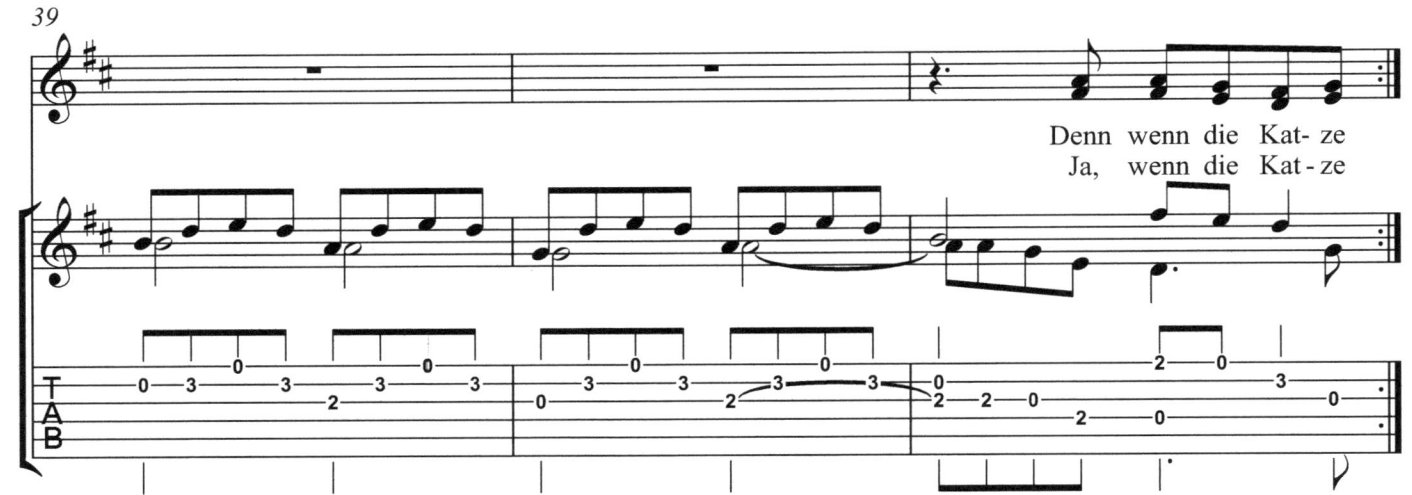

Denn wenn die Kat- ze
Ja, wenn die Kat- ze

**Meno mosso**

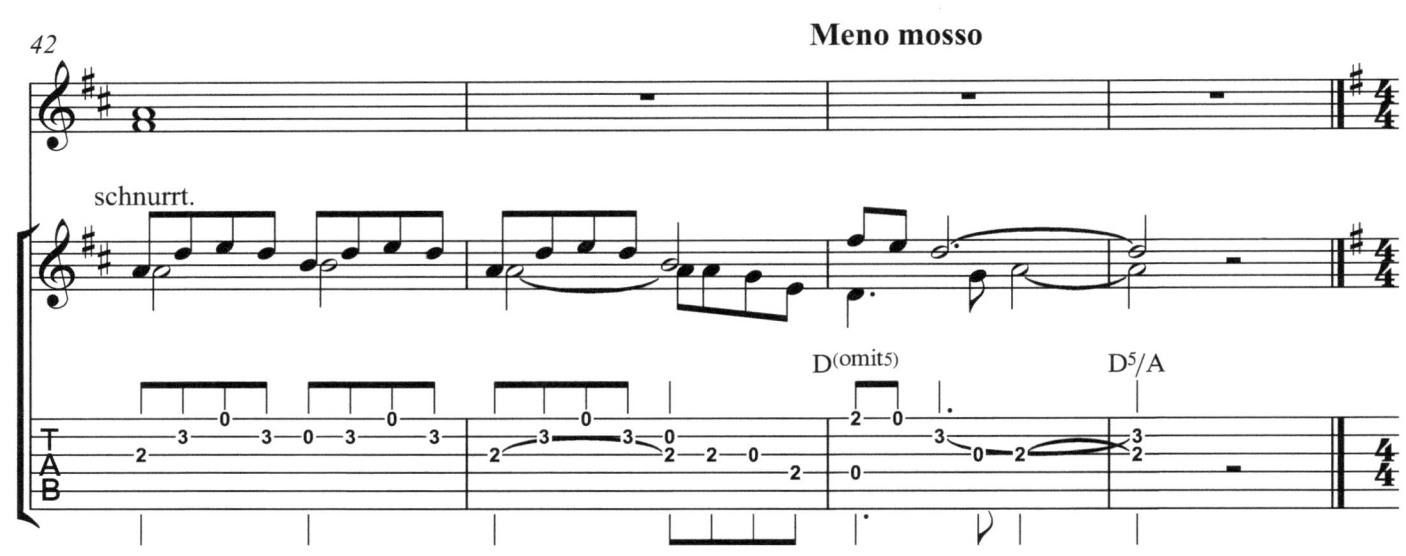

schnurrt.

D(omit5)

D⁵/A

# Kätzelein

sein.      Kät- ze- lein,    Kät- ze- lein,

möch- te im- mer bei dir sein,

möcht' auf kei- nen Fall al lei- ne

sein.　　　　　　Kät- ze- lein,　Kät- ze- lein

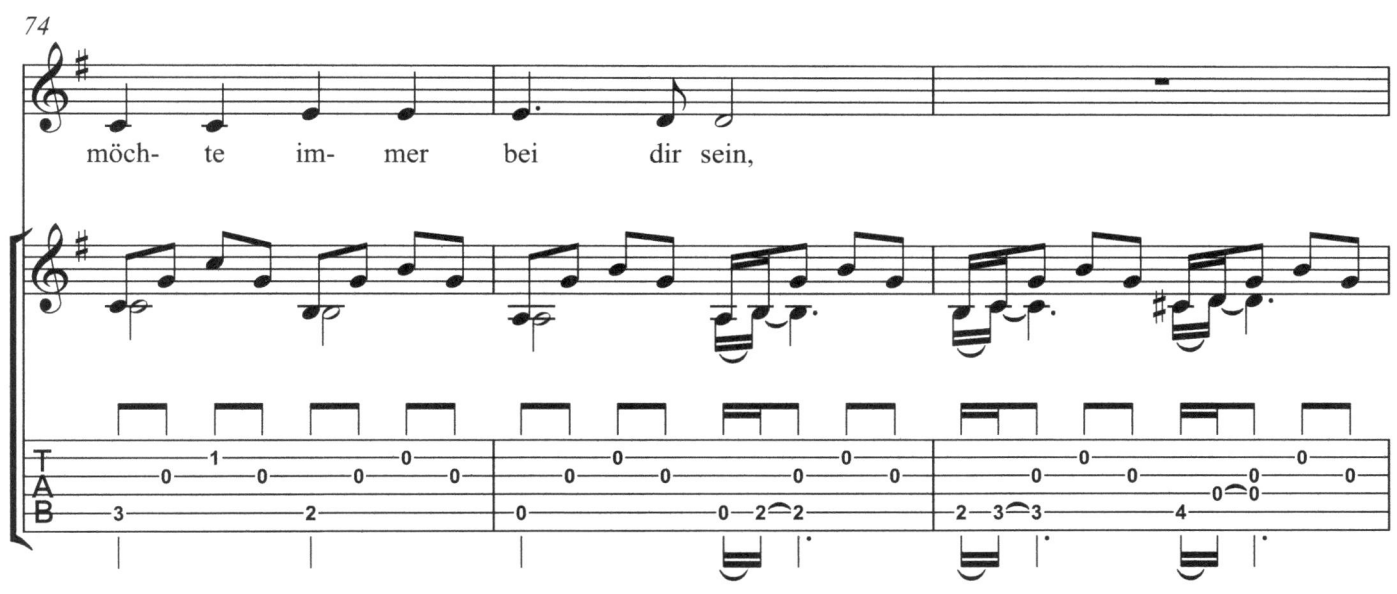

möch- te im- mer bei dir sein,

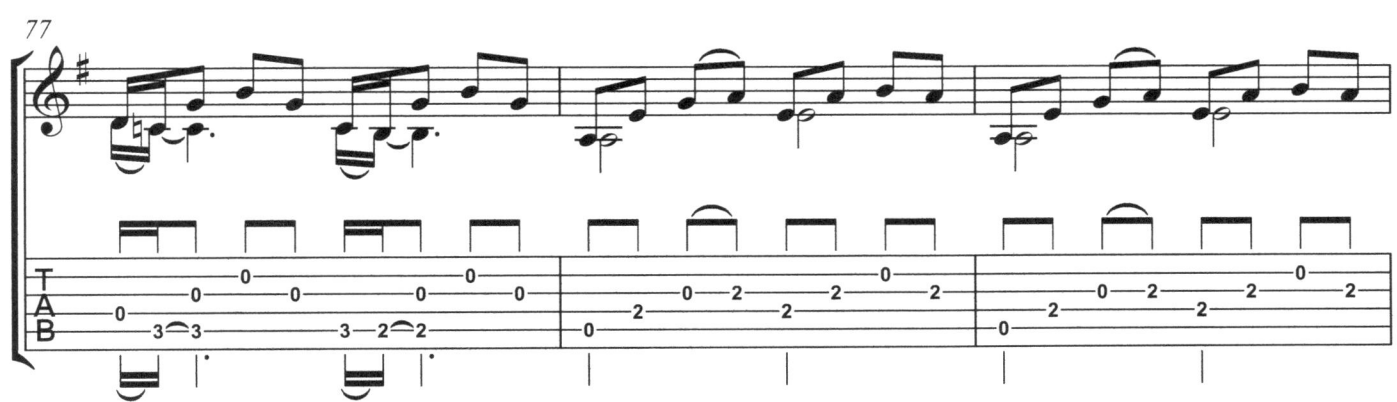

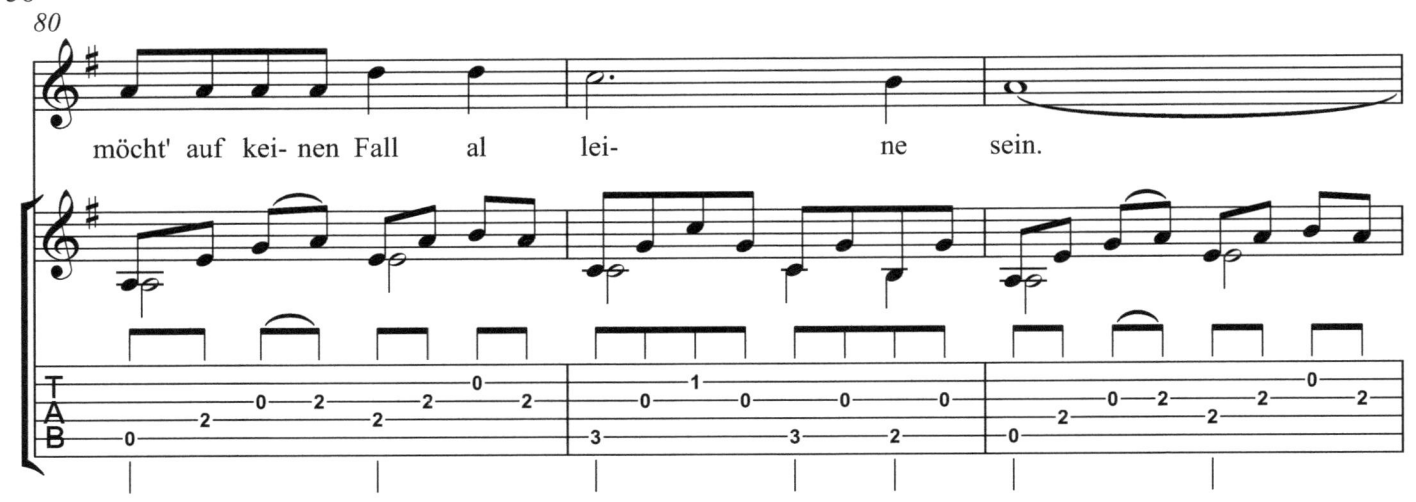

möcht' auf kei- nen Fall al lei- ne sein.

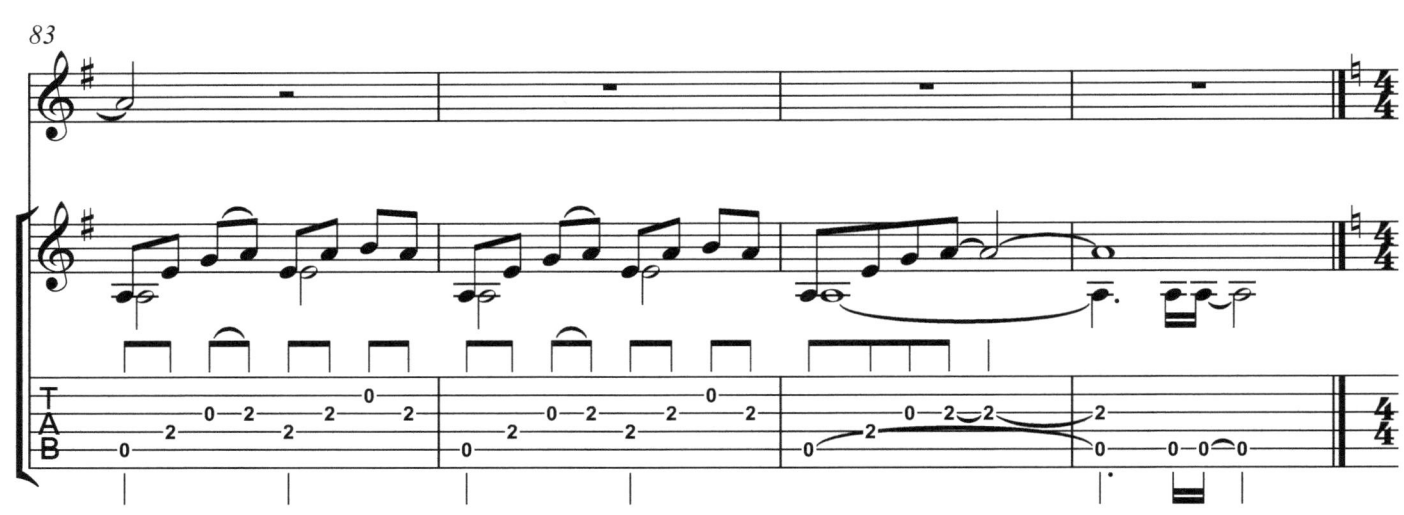

# Helge Schneider hatte recht

**Moderato**

Hel- ge Schnei- der hat- te recht!

So ein Kat- zen- klo ist ganz nett. die Kat- ze kackt hin- ein und kratzt die Ka- cke

ein! Hel- ge Schnei- der hat- te recht!　　　　　　　　　　　　Hel- ge

*99*

Schnei- der hat- te recht! So ein Kat- zen- klo macht

*102*

froh, be- son- ders wenn ganz frisch das Kat- zen- klo ge- säu- bert

*104*

ist Hel- ge Schnei- der hat- te recht! Hel- ge

*108*

Schnei- der hat- te recht! ein Kat- zen- klo ist was Be-

son- de- res, ganz sau- ber muss es

sein, dann kackt die Kat- te gern hin- ein: Hel- ge Schnei- der hat- te

# Matratzen kratzen Katzen gern

Kat- ze mit der Tat- ze kratzt so ger- ne die Ma-

trat- ze kratzt so ger- ne mit der Tat- ze die Ma-

trat- ze mit der Tat- ze.

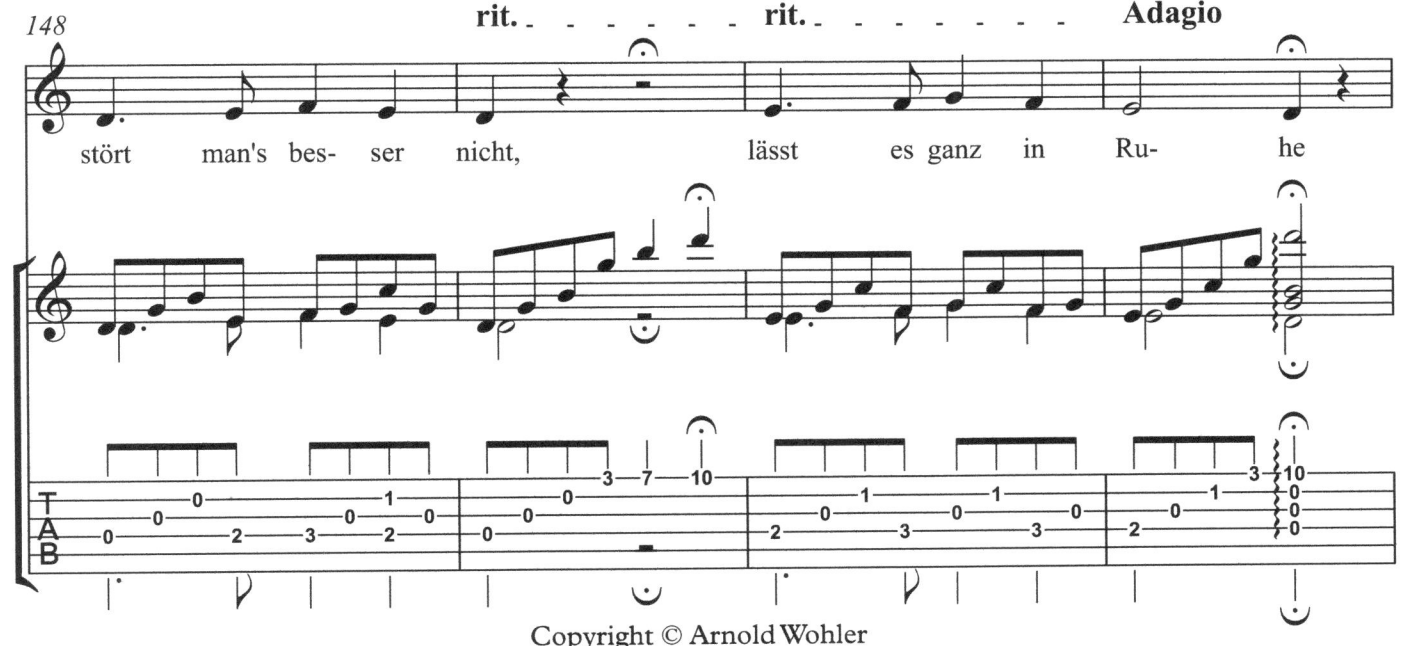

# Schläft das Kätzchen fest

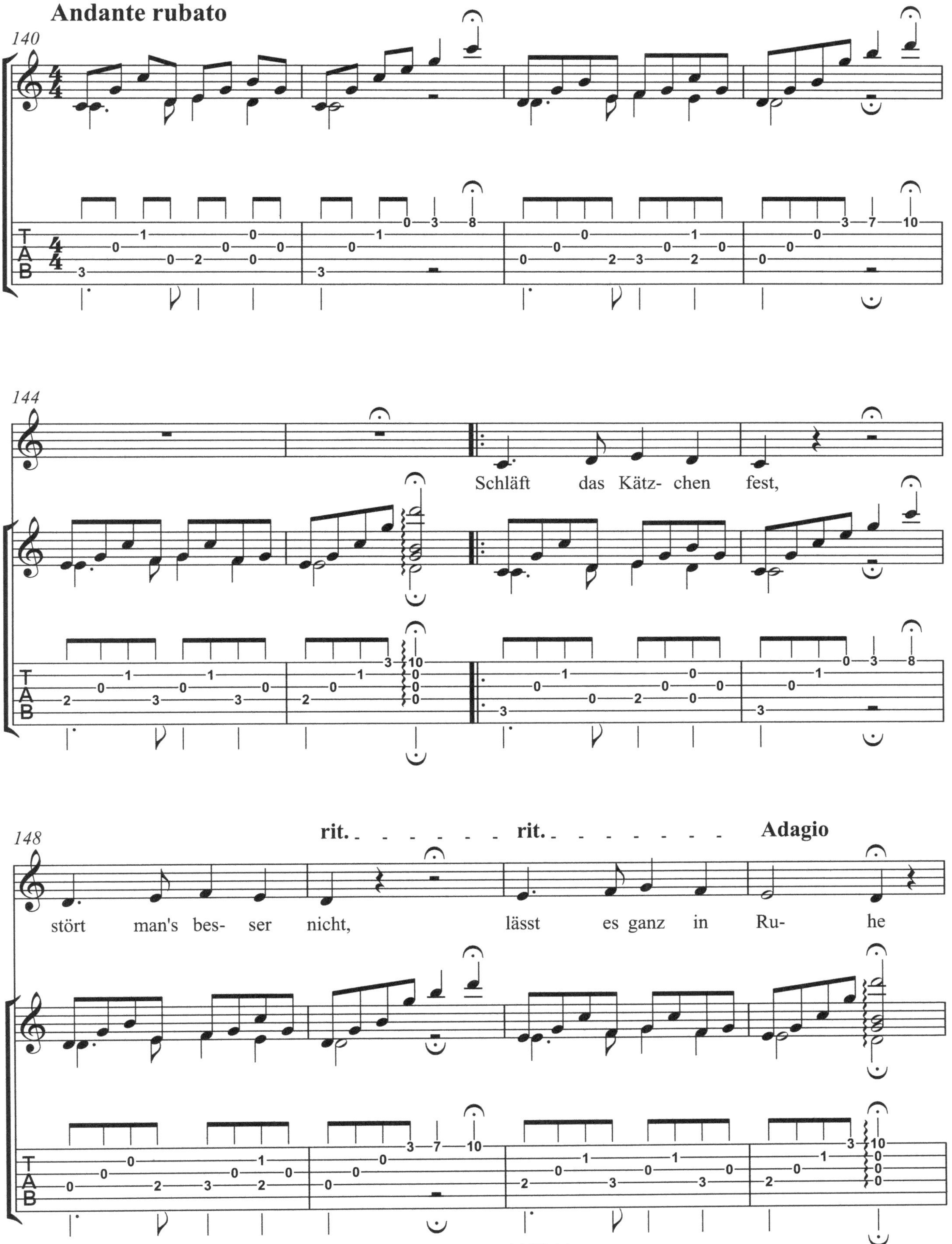
Andante rubato
140
144
Schläft das Kätz- chen fest,
148
rit.
rit.
Adagio
stört man's bes- ser nicht,
lässt es ganz in Ru- he

schla- fen. Schläft das Kätz- chen fest,

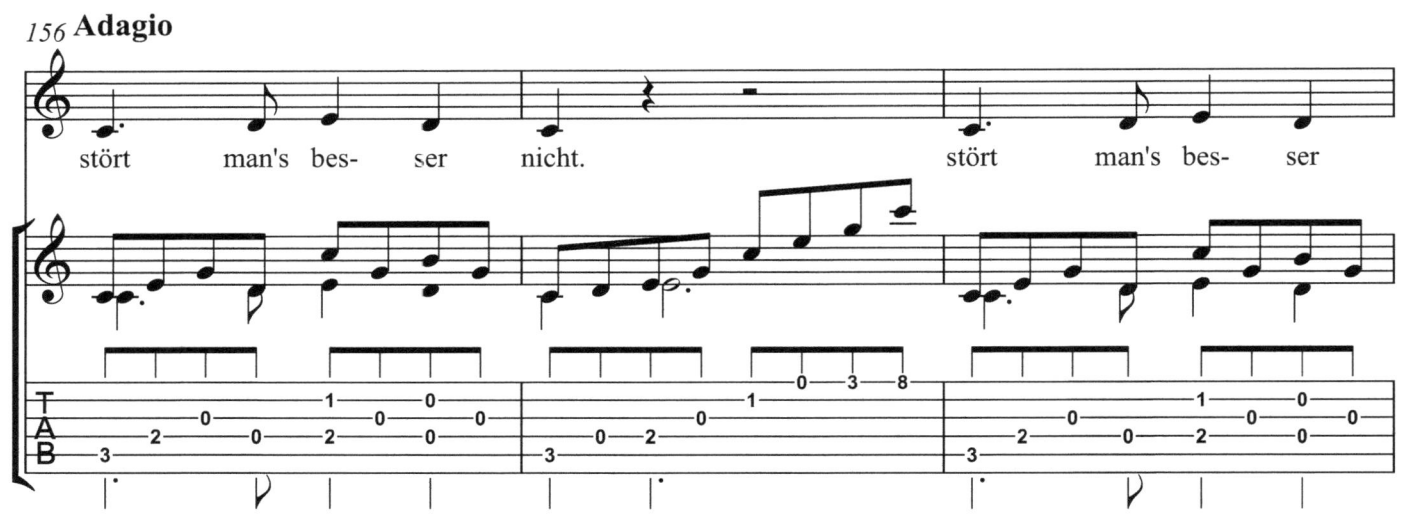

**Adagio**

stört man's bes- ser nicht. stört man's bes- ser

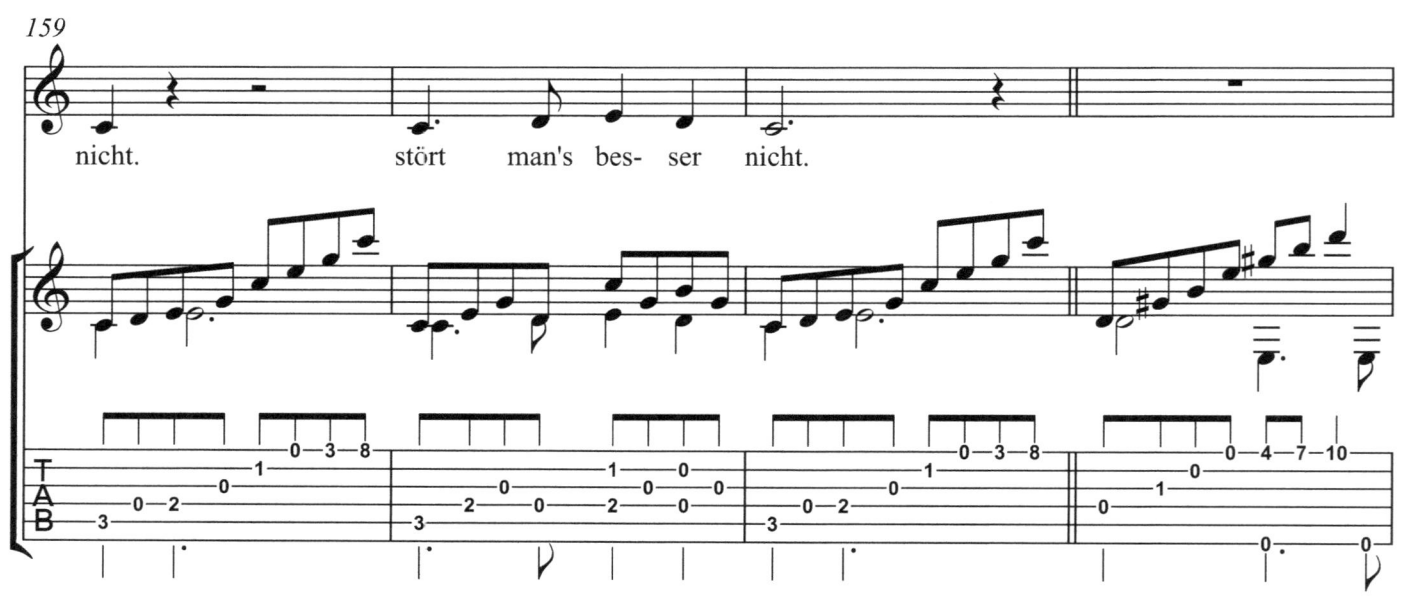

nicht. stört man's bes- ser nicht.

**etwas gequält (fast verzweifelt)**

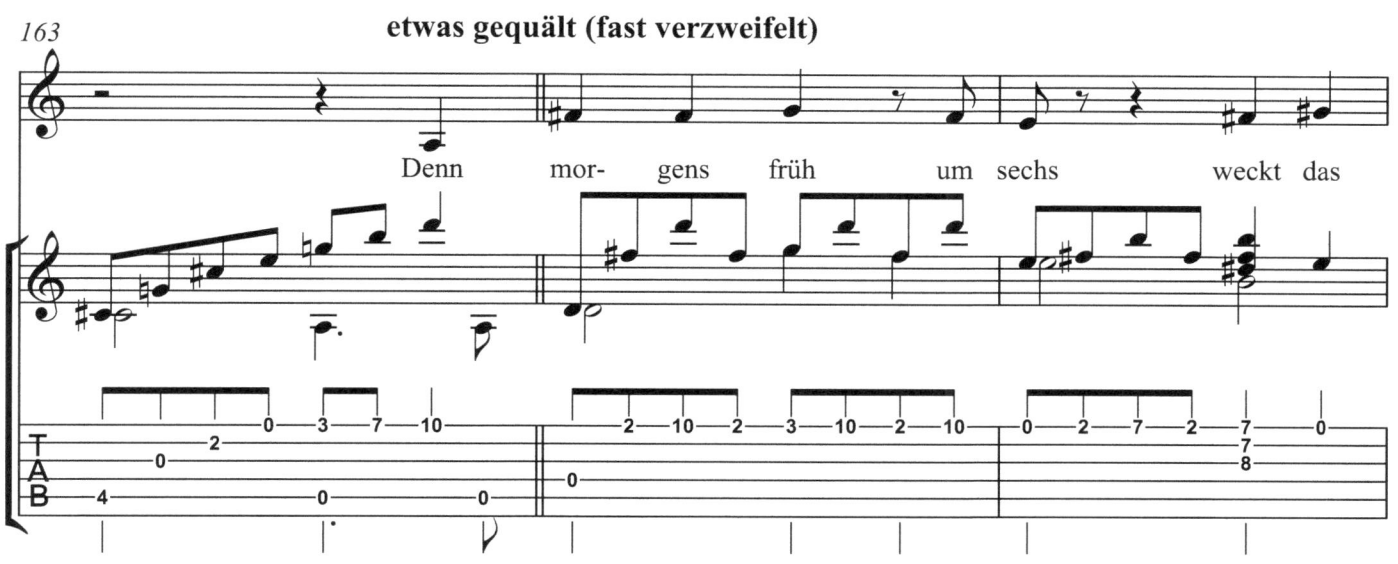

Denn mor- gens früh um sechs weckt das

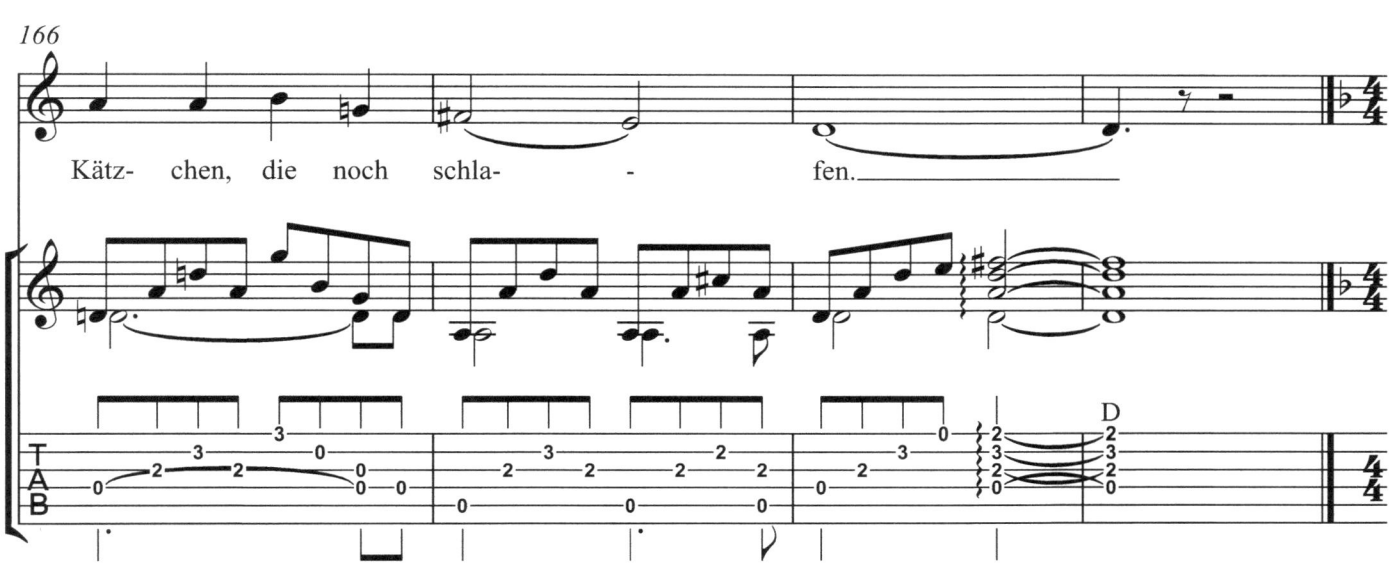

Kätz- chen, die noch schla- fen.

# Traurig guckt das Kätzelein

**Andantino**

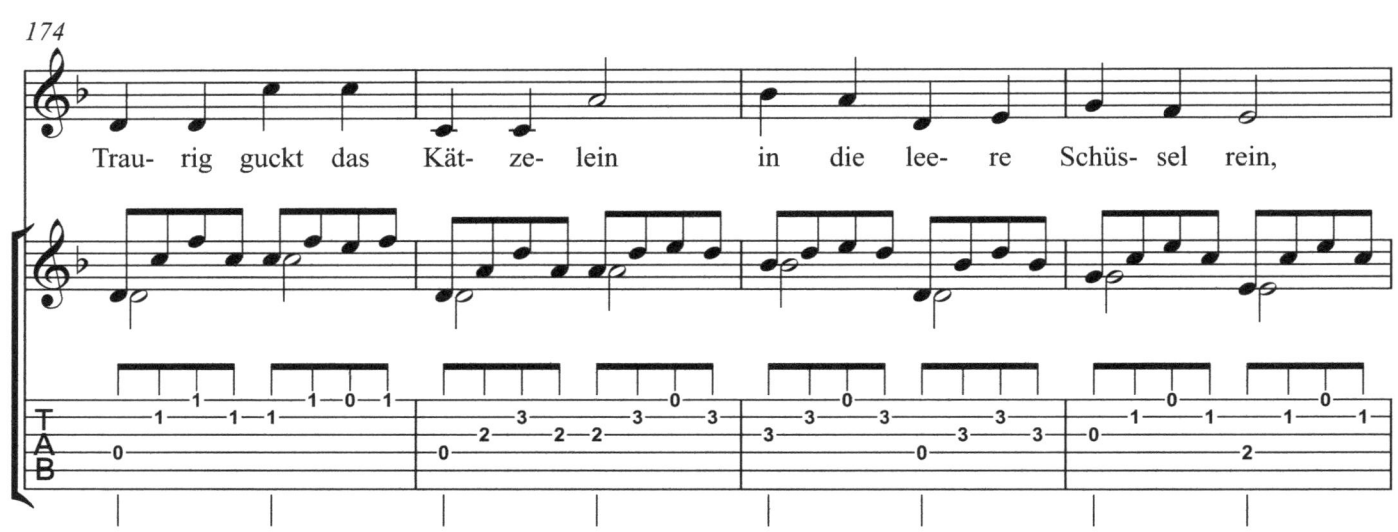

Trau- rig guckt das Kät- ze- lein in die lee- re Schüs- sel rein,

nichts ist mehr zu Fres- sen drin', hat das Le- ben da noch Sinn?

Trau- rig guckt das Kät- ze- lein in die lee- re Schüs- sel rein,

nichts ist mehr zu Fres- sen drin', hat das Le- ben da noch Sinn?

Hat das Le- ben da noch Sinn?

# Kätzelein spielt fein (quasi finale)

**Allegro vivo**

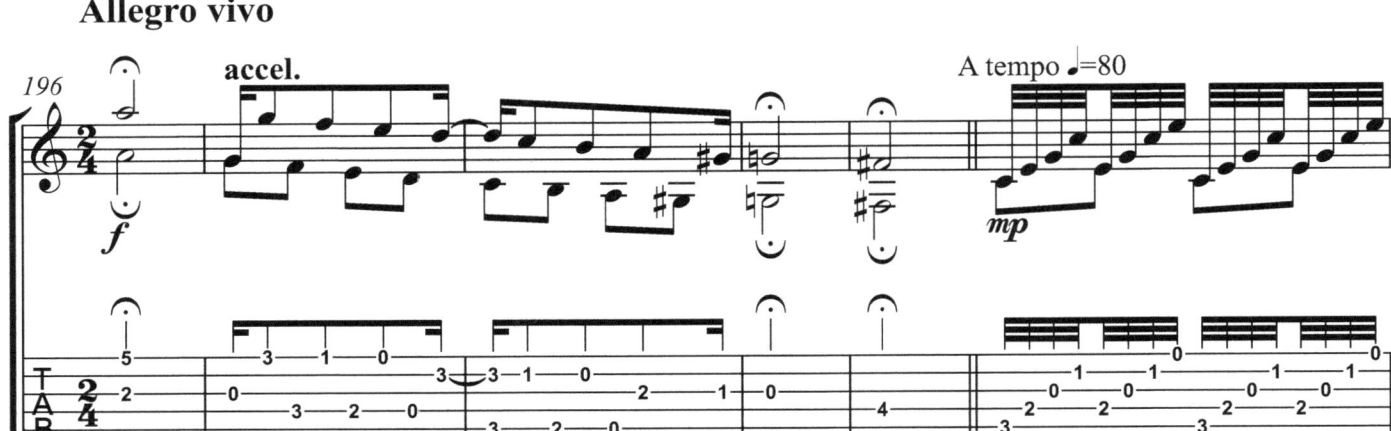

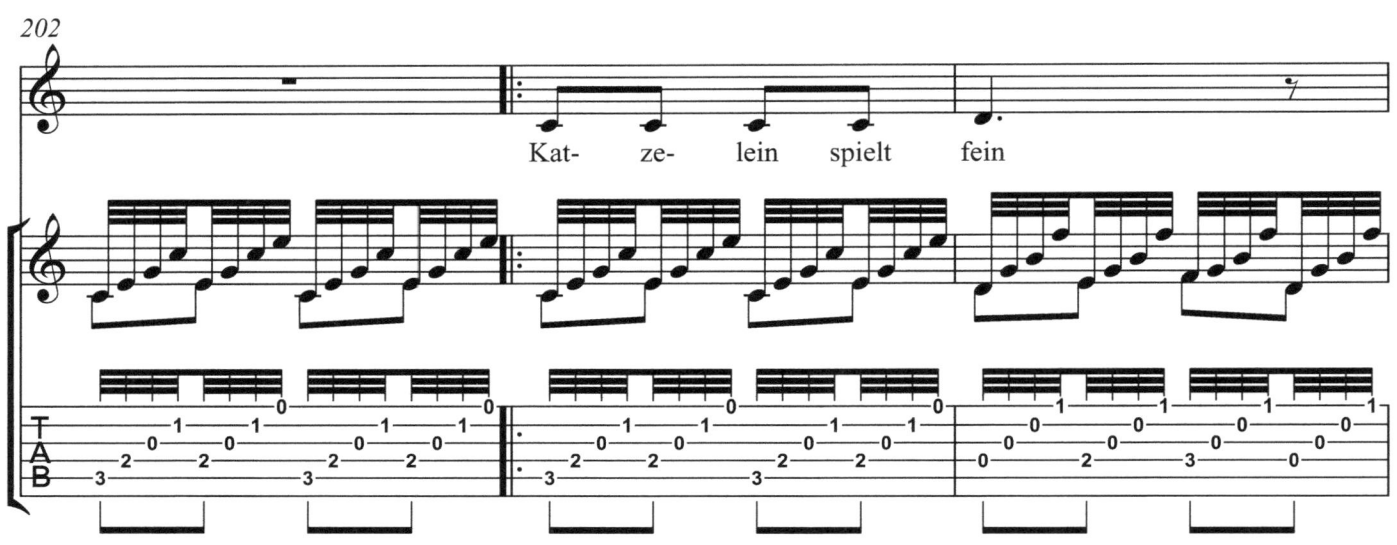

Kat- ze- lein spielt fein

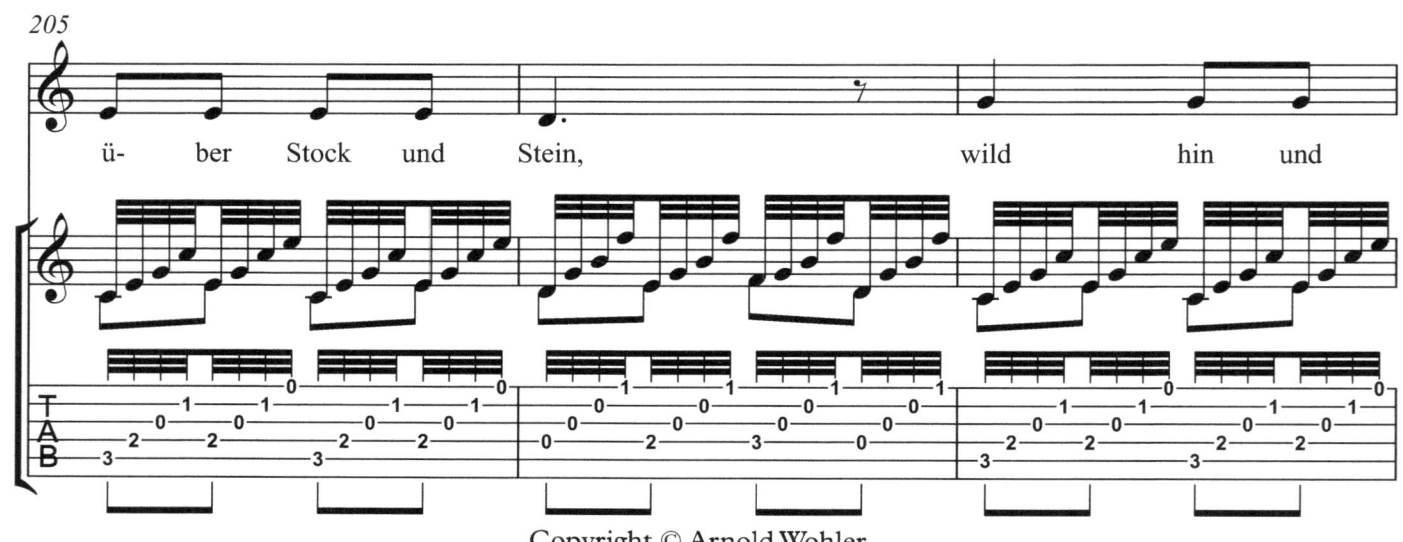

ü- ber Stock und Stein, wild hin und

her ja, das fällt ihm gar nicht schwer!

Kät- ze- lein spielt fein ü- ber Stock und

Stein. ü- ber Stock und

Stein.

# The Mountain's Ghost

**Allegretto**

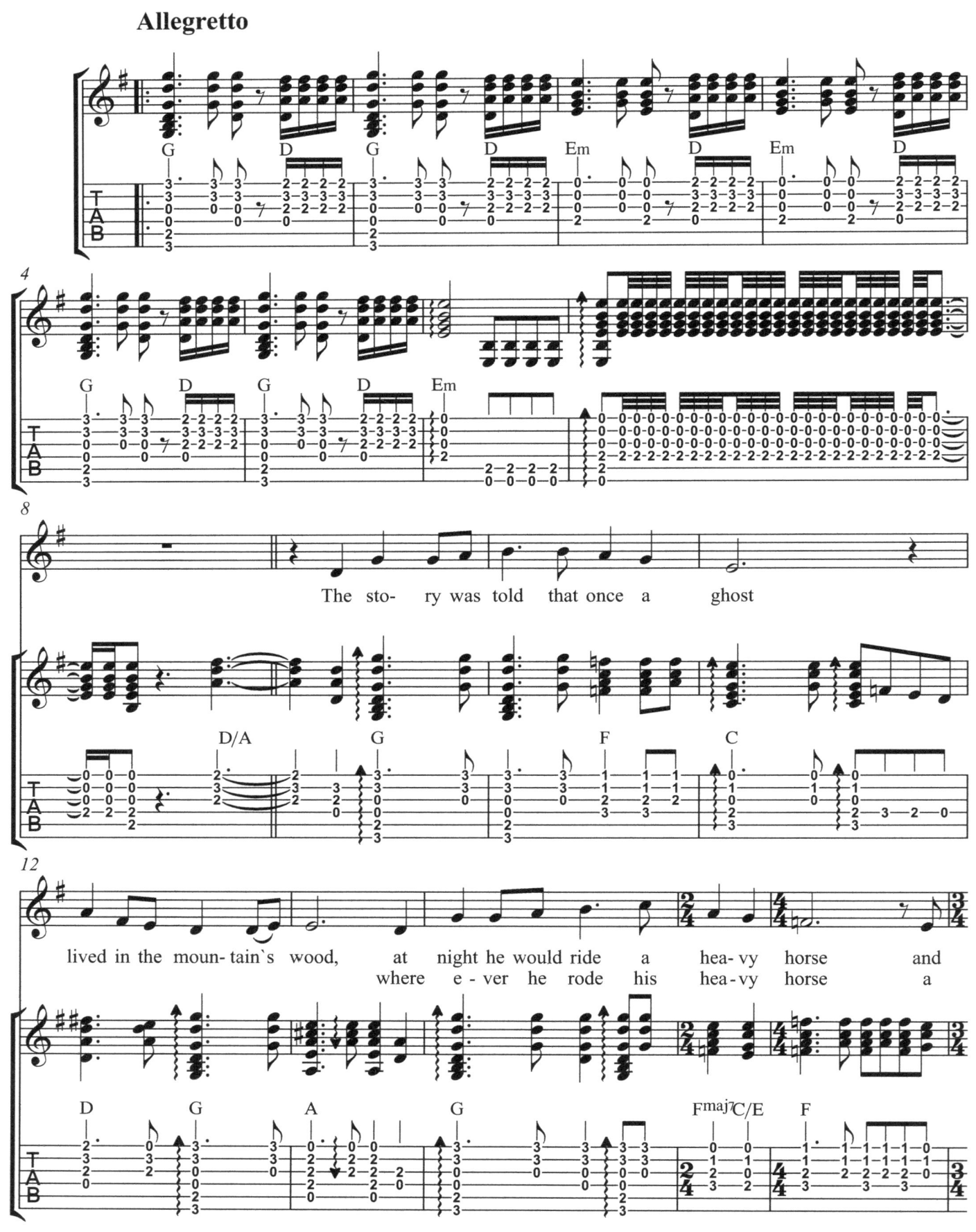

The sto- ry was told that once a ghost

lived in the moun- tain's wood, at night he would ride a hea- vy horse and
where e - ver he rode his hea- vy horse a

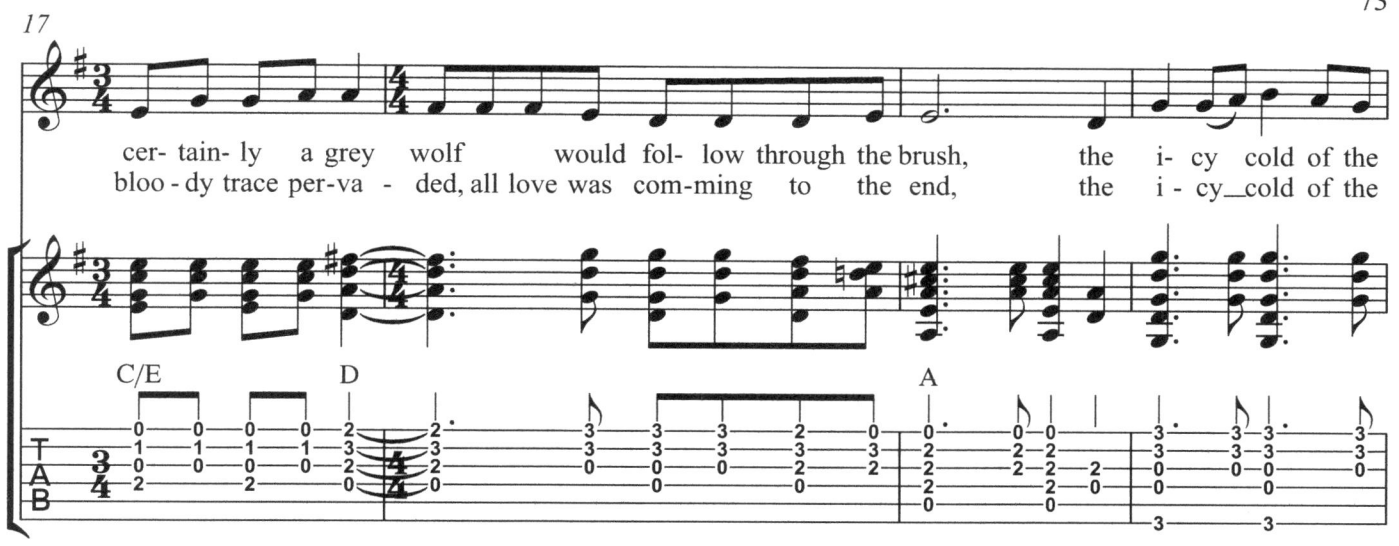

cer- tain- ly a grey wolf would fol- low through the brush, the i- cy cold of the
bloo - dy trace per-va - ded, all love was com-ming to the end, the i- cy cold of the

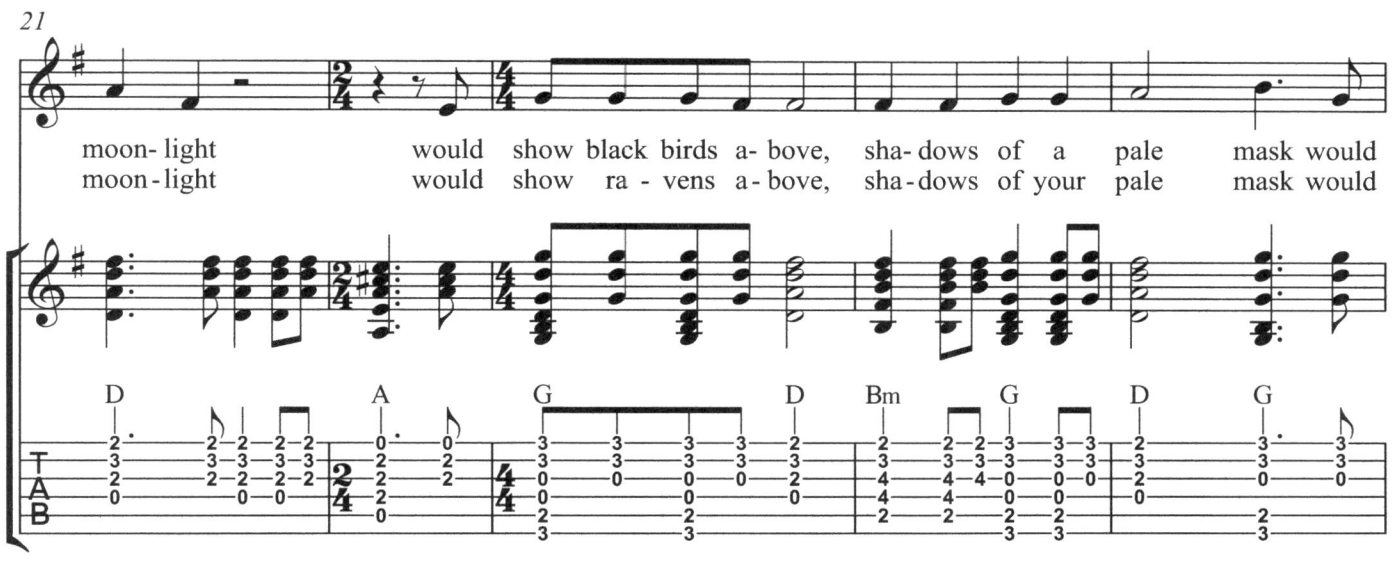

moon-light would show black birds a- bove, sha-dows of a pale mask would
moon-light would show ra - vens a-bove, sha-dows of your pale mask would

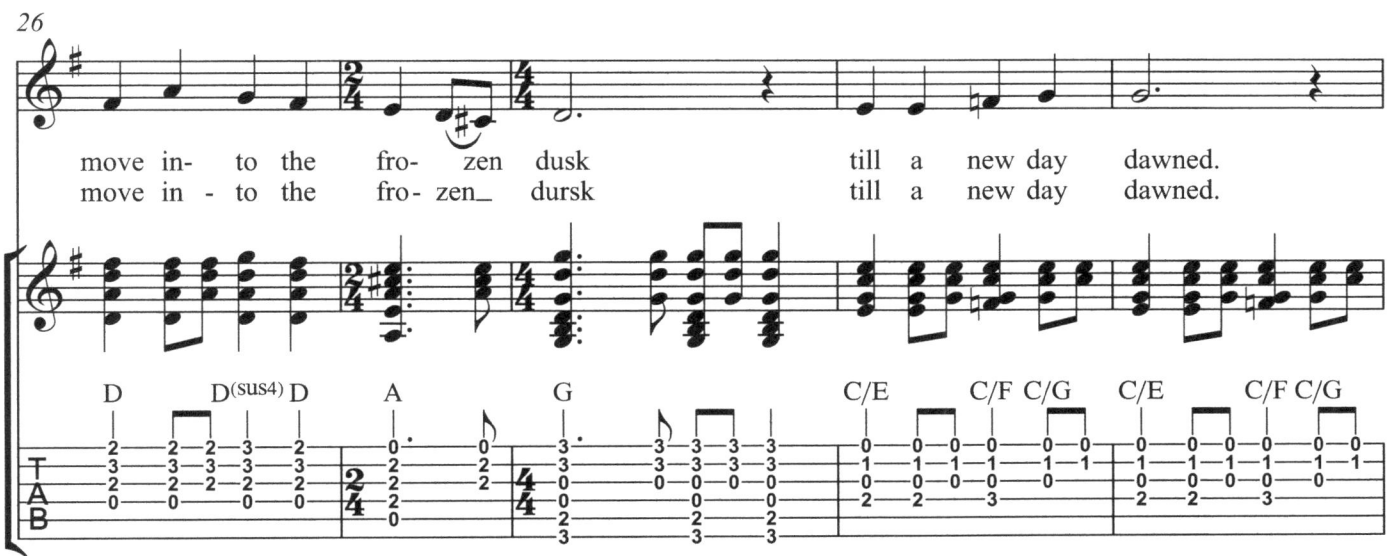

move in- to the fro- zen dusk till a new day dawned.
move in - to the fro- zen_ dursk till a new day dawned.

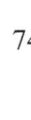

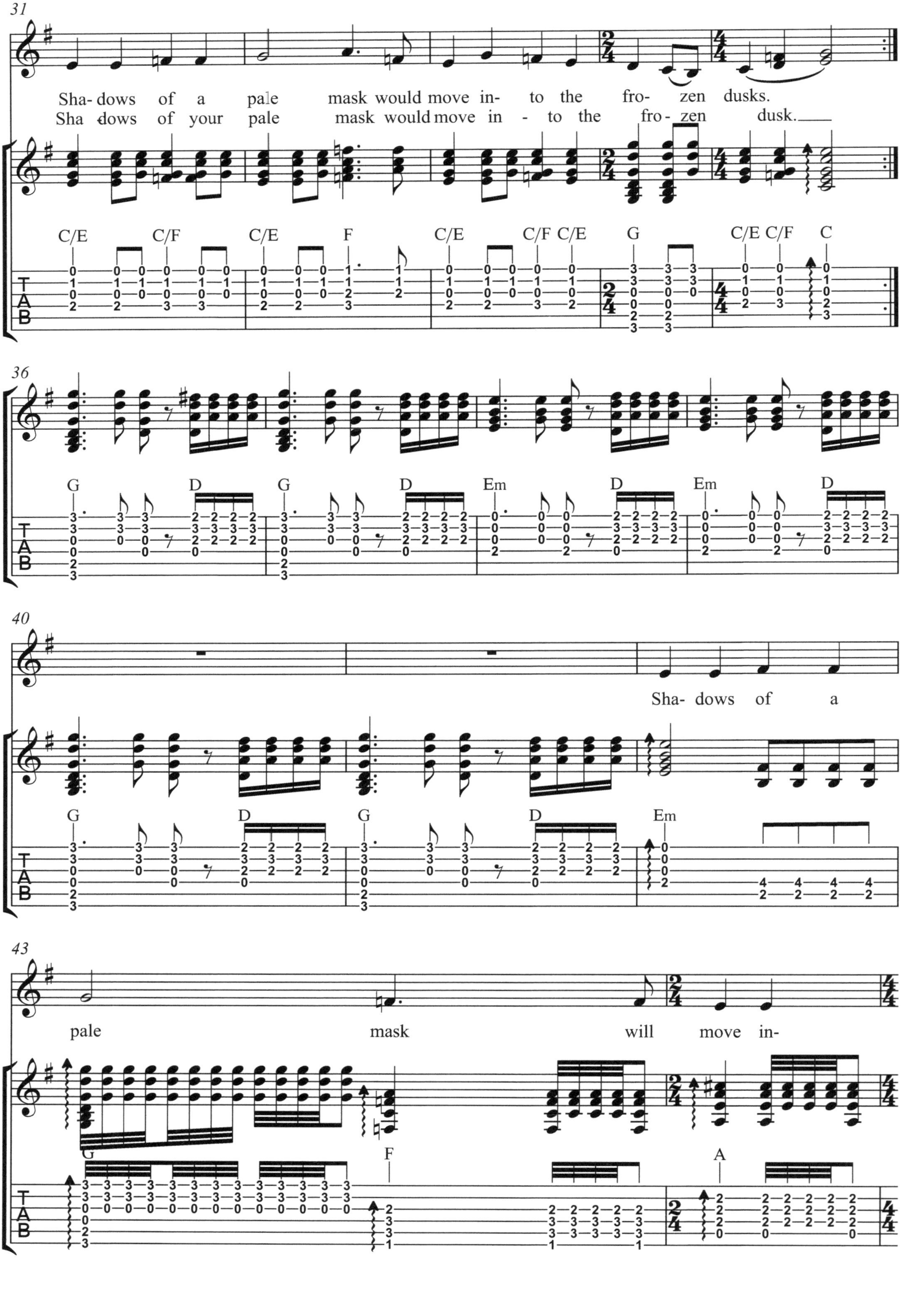
31
Sha- dows of a pale mask would move in- to the fro- zen dusks.
Sha dows of your pale mask would move in - to the fro- zen dusk.
C/E C/F C/E F C/E C/F C/E G C/E C/F C
36
G D G D Em D Em D
40
Sha- dows of a
G D G D Em
43
pale mask will move in-
G F A

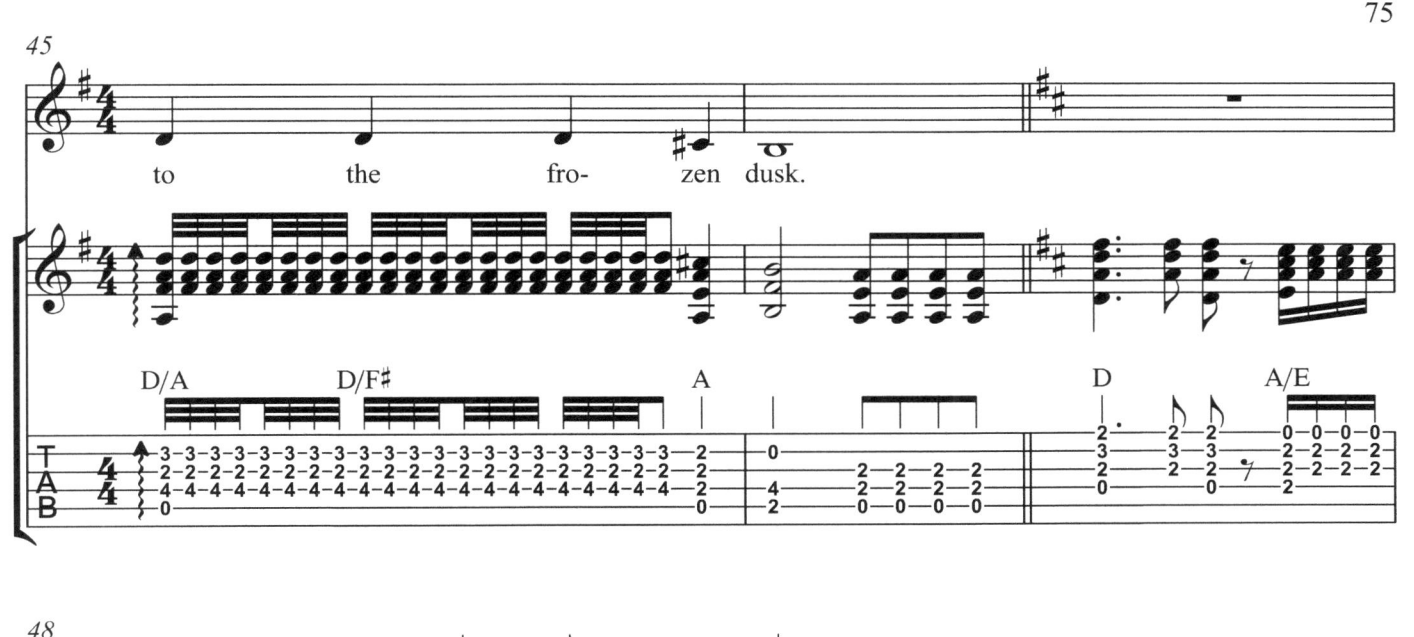

to the fro- zen dusk.

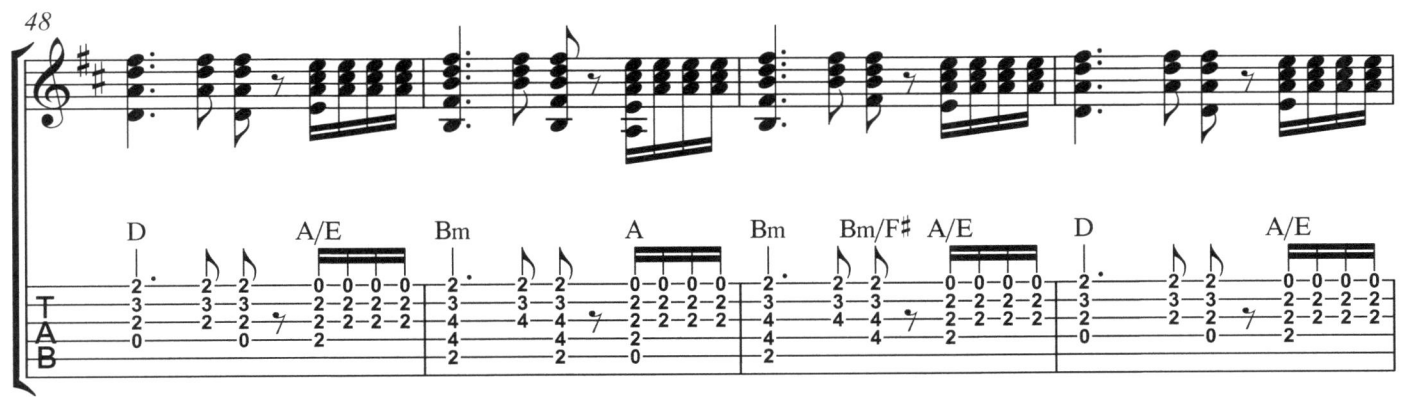

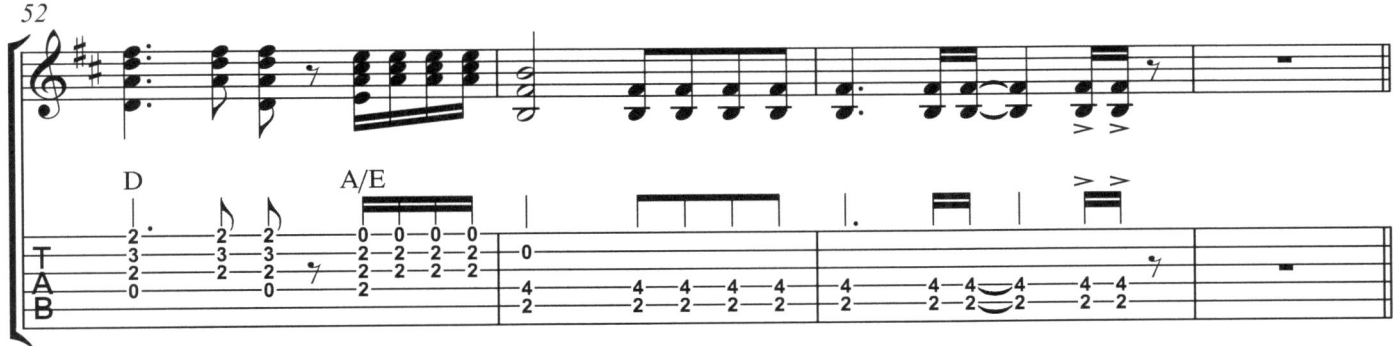

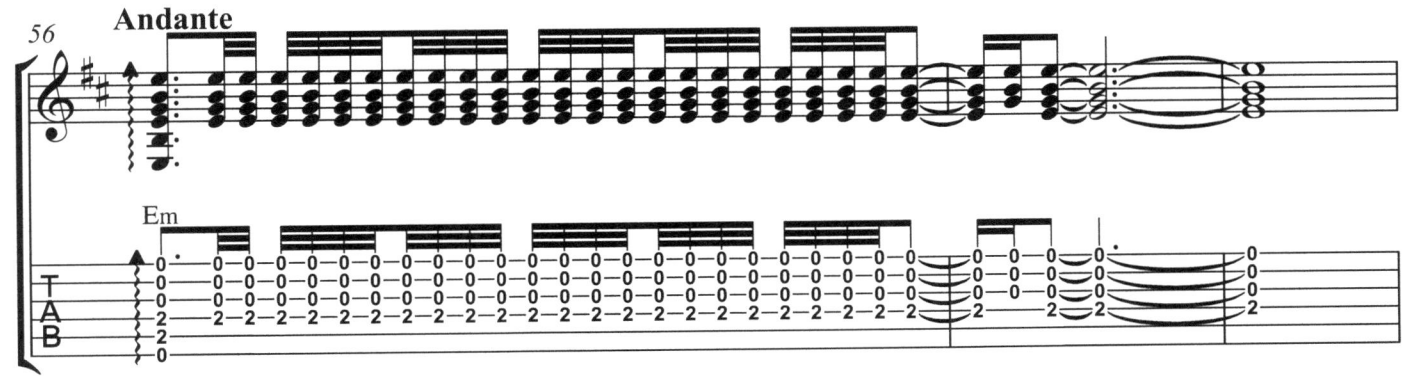

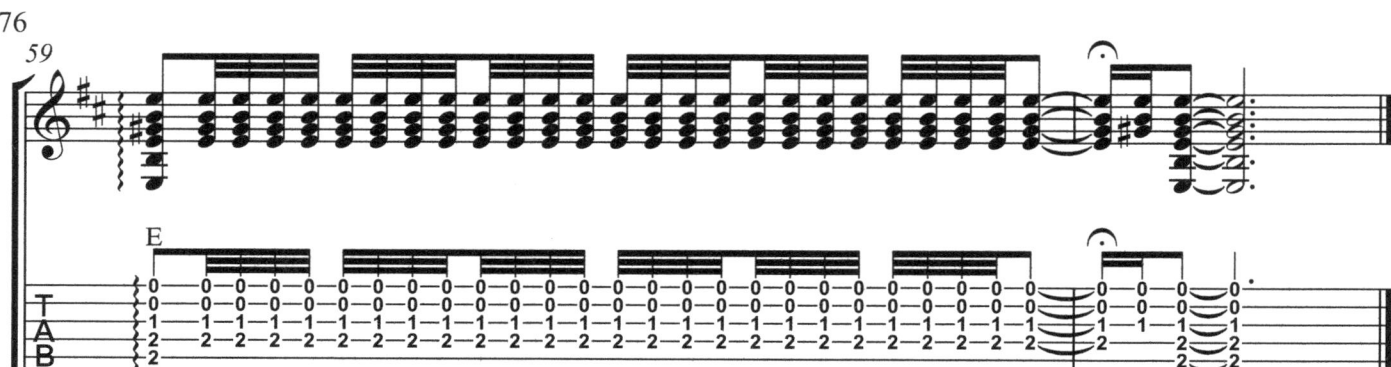

# We are the lonely creature

**Con moto**

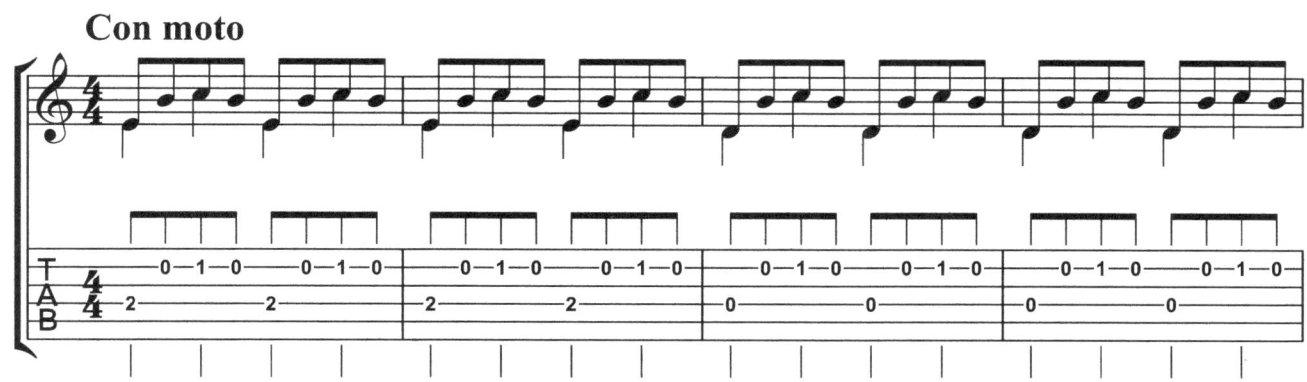

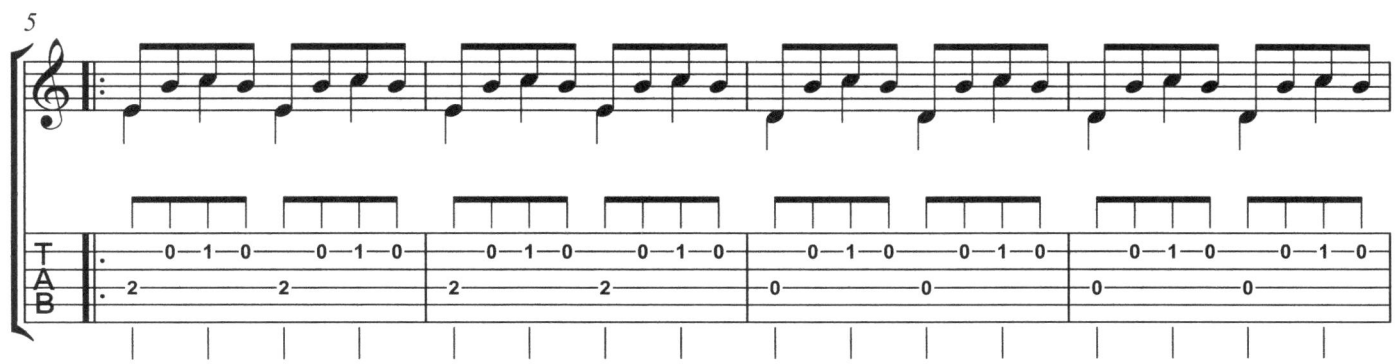

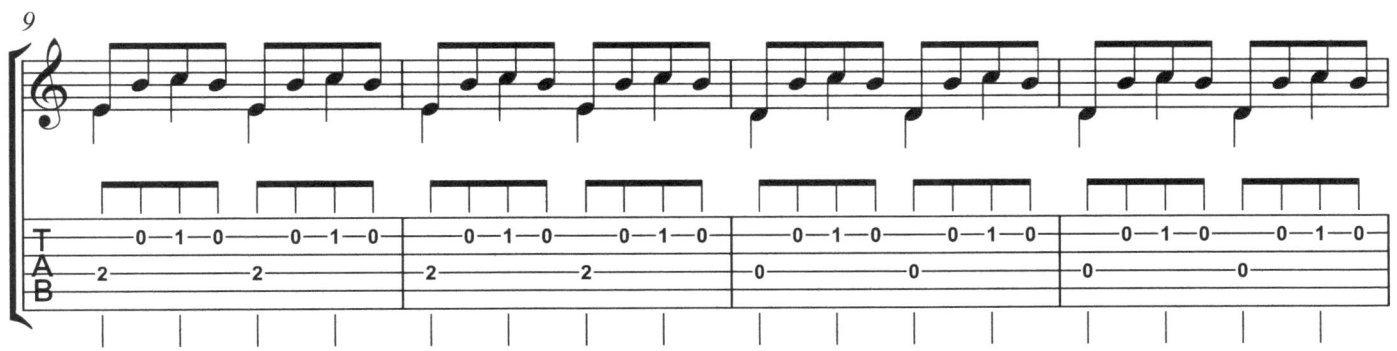

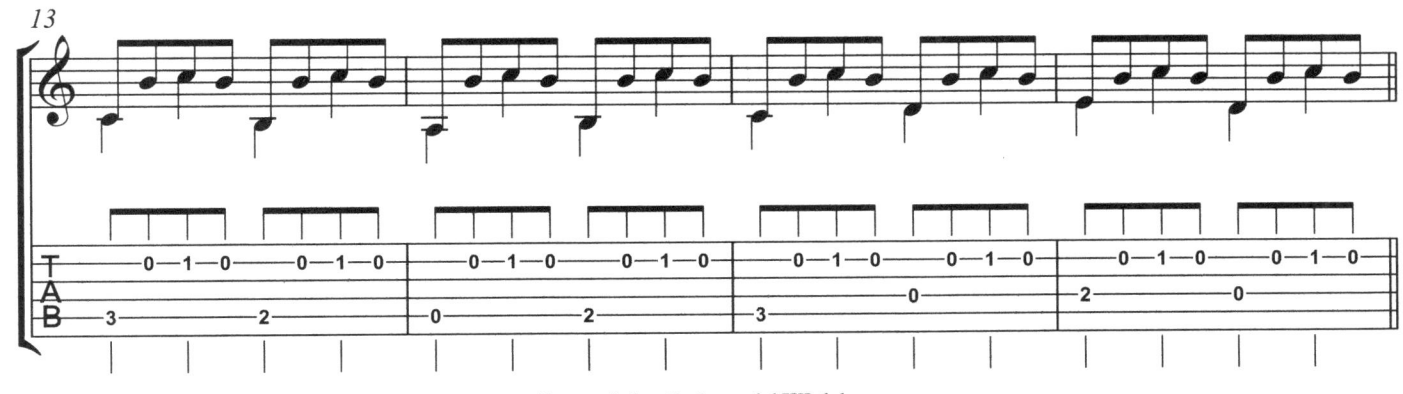

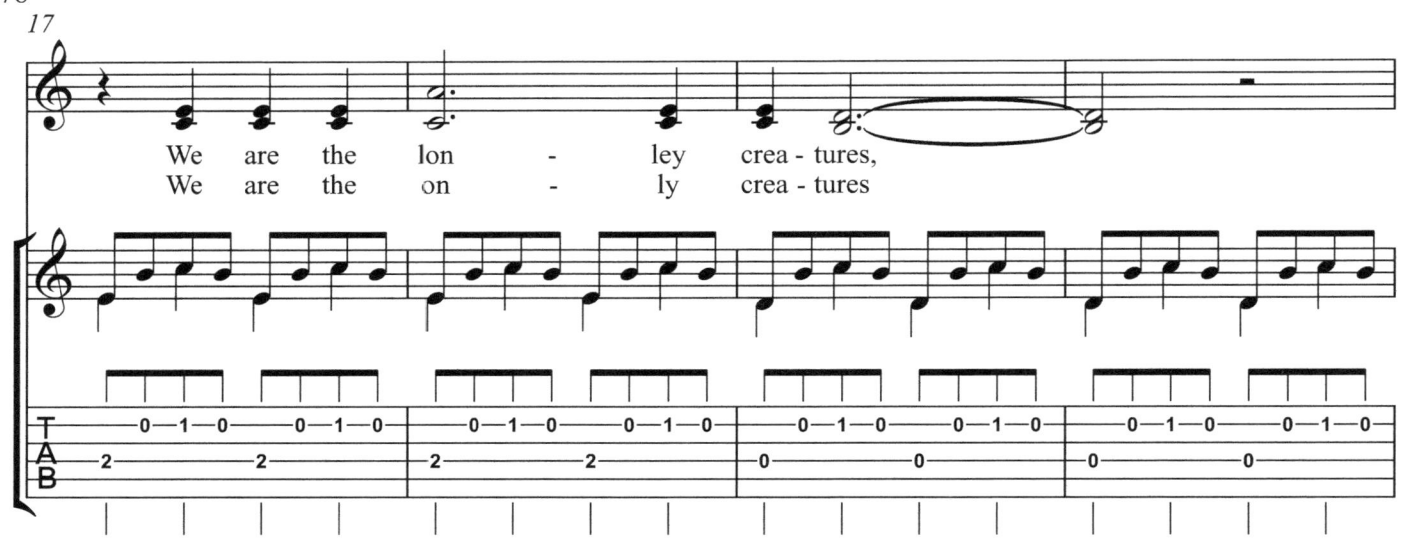

We are the lon - ley crea - tures,
We are the on - ly crea - tures

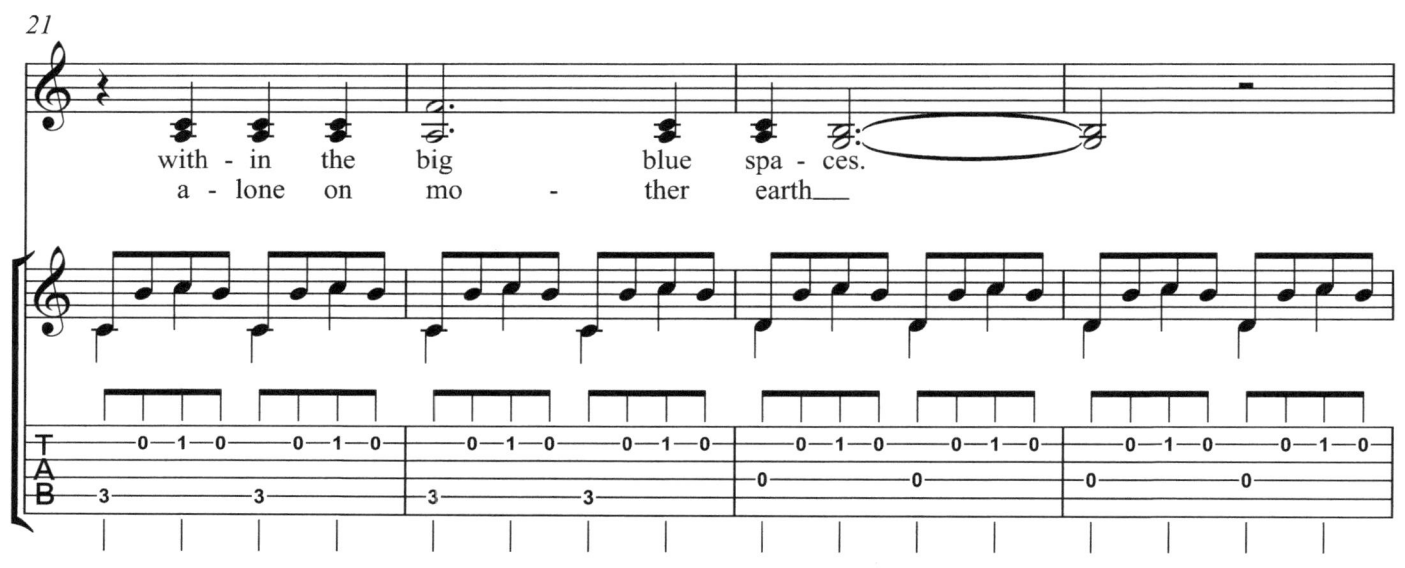

with - in the big blue spa - ces.
a - lone on mo - ther earth___

We hope we'll find same a - thers who care for us
We hope we'll find a pla - net like our___earth,

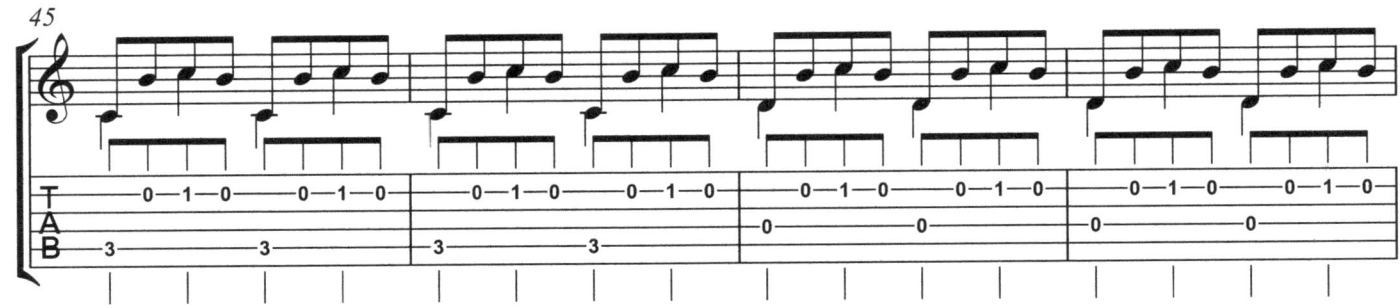

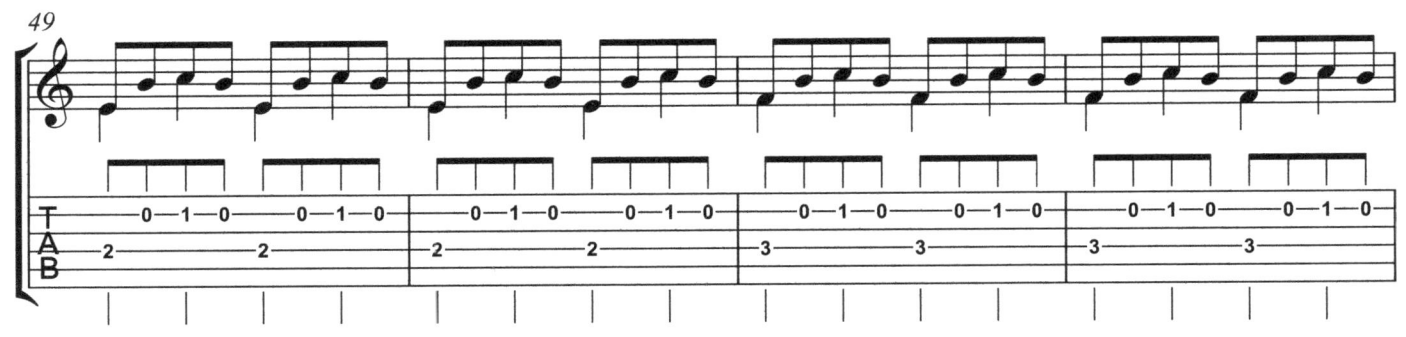

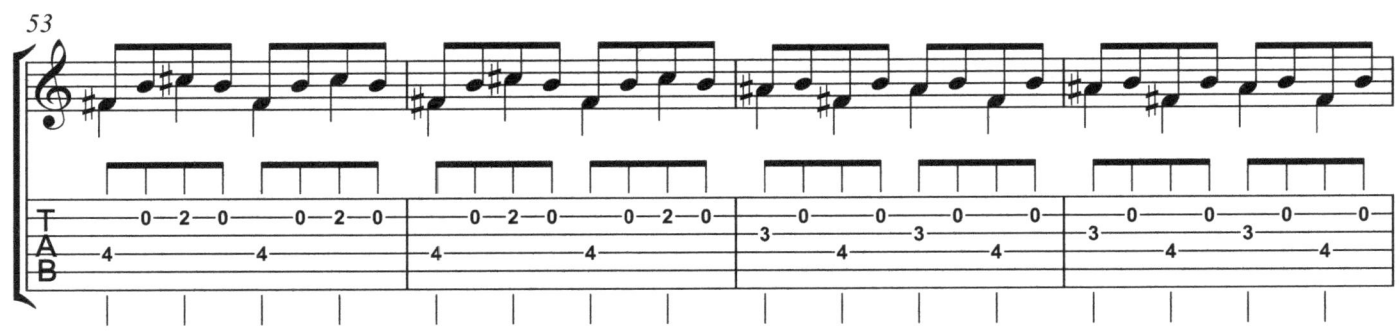

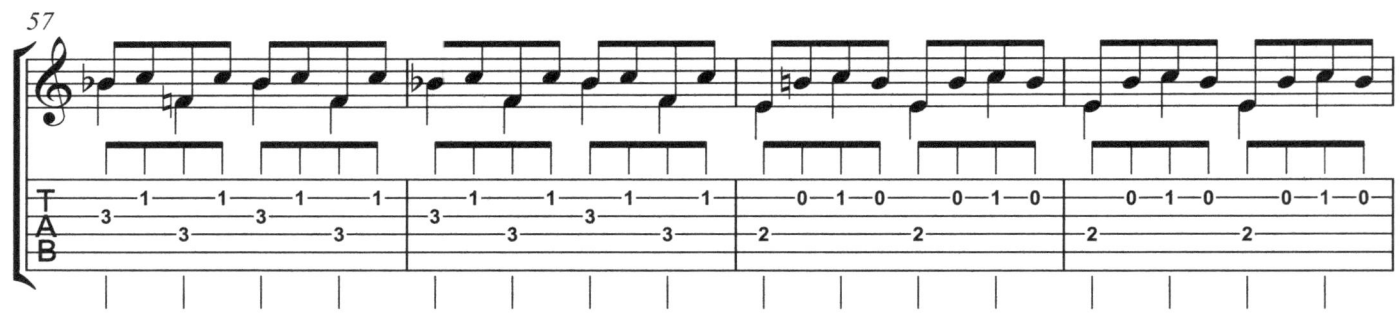

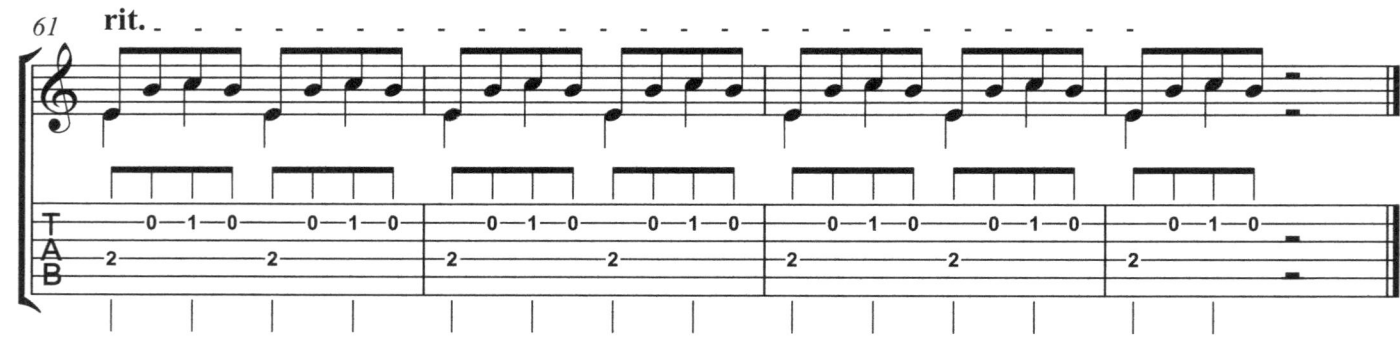

# Lost in space

**Moderato**

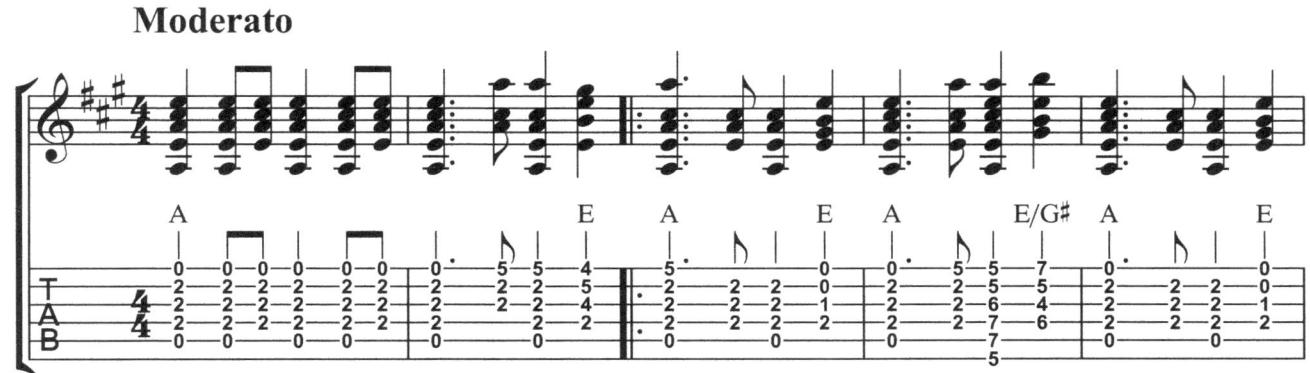

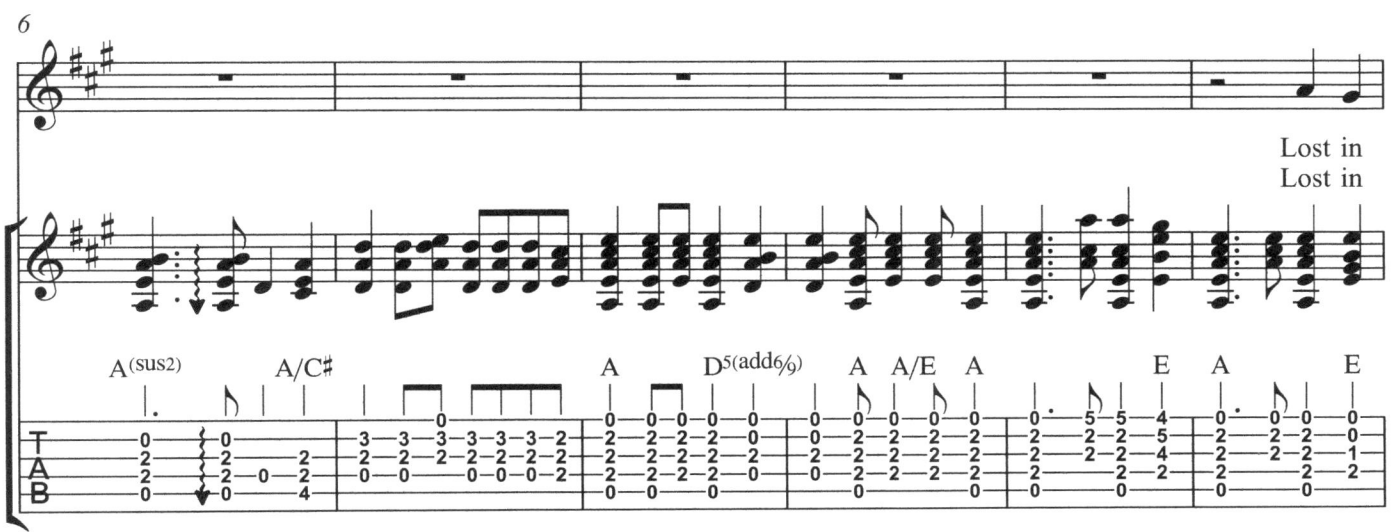

Lost in
Lost in

space.
life

lost in time,
lost in dreams

we will
per - haps

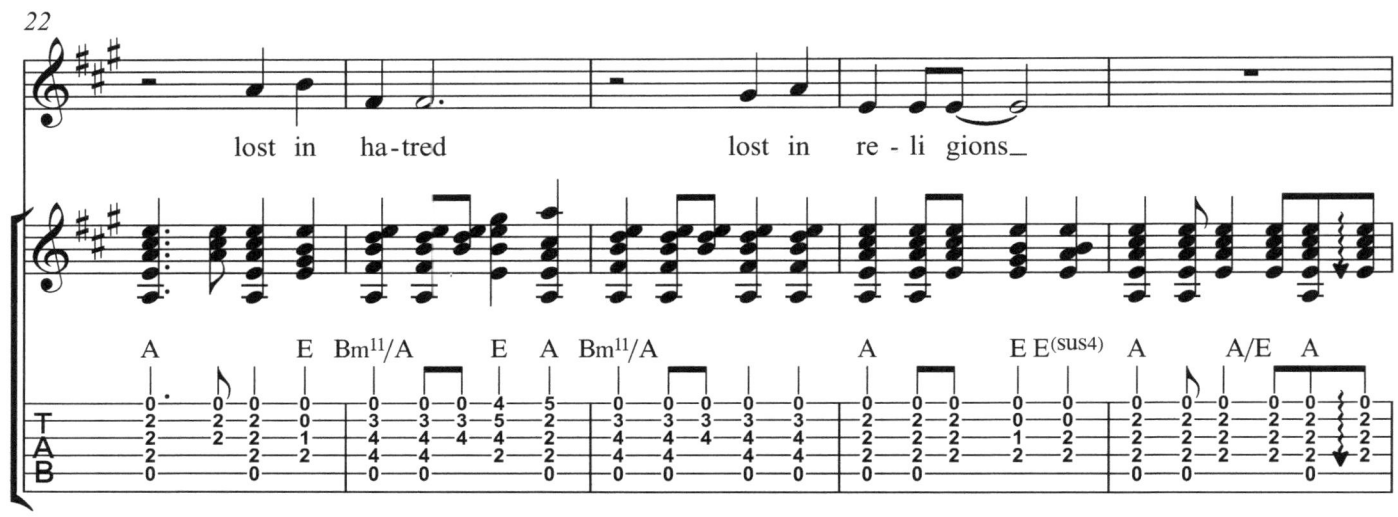

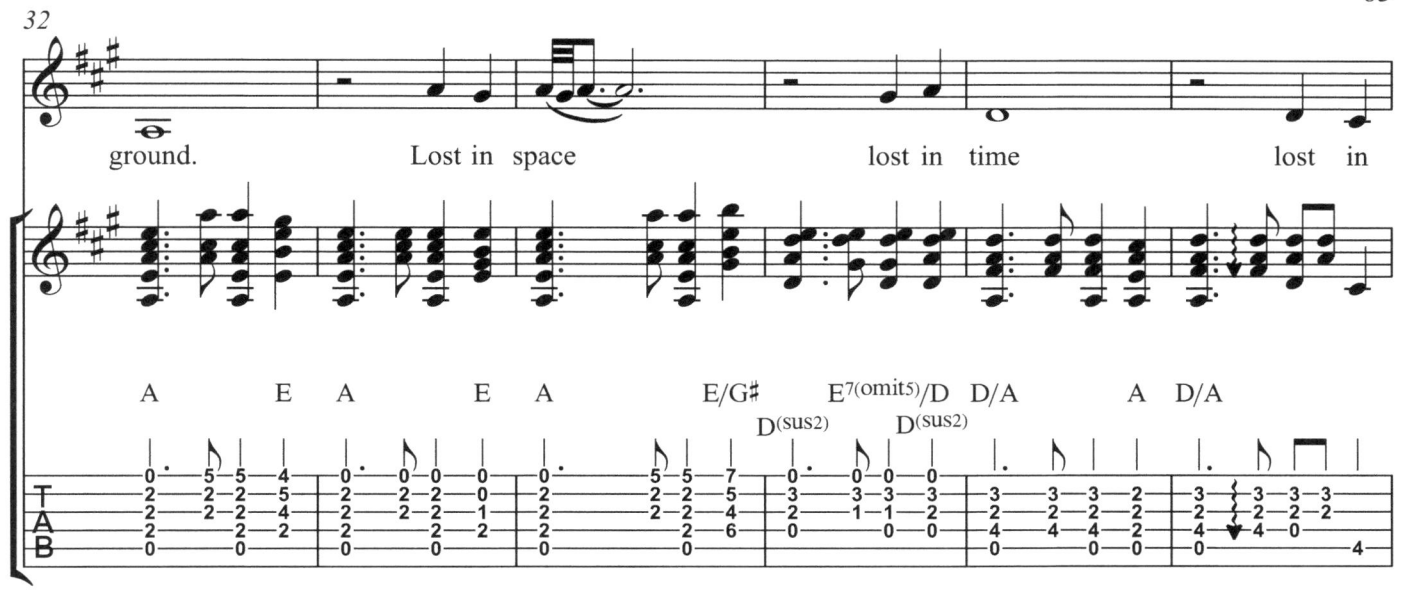

ground.  Lost in space  lost in time  lost in

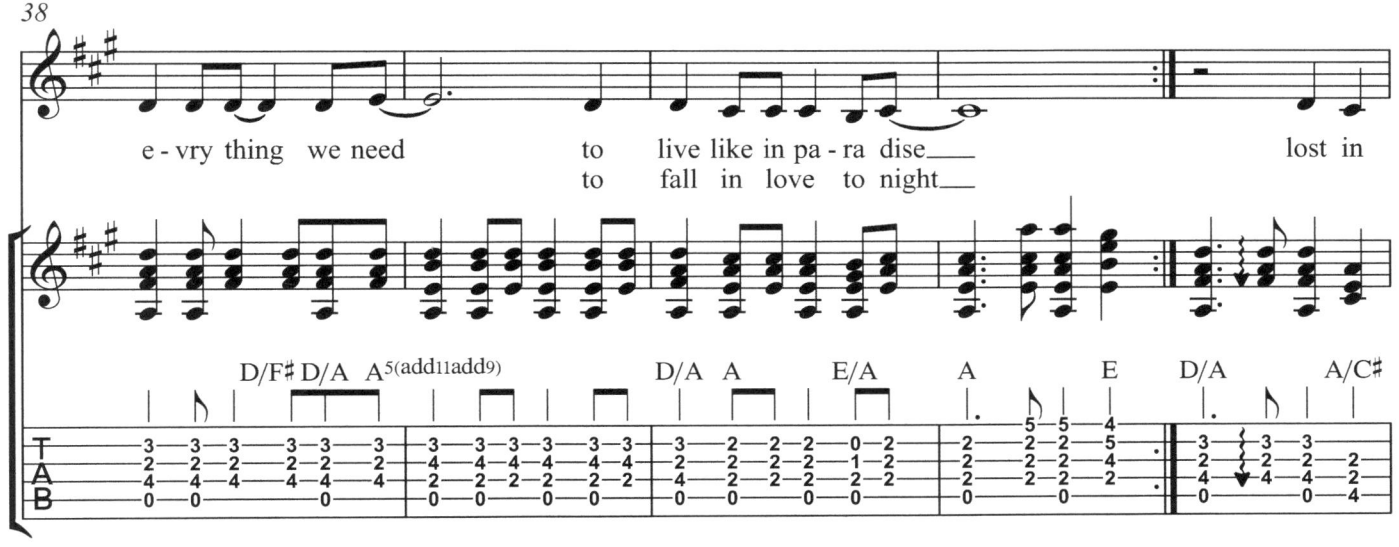

e - vry thing we need  to  live like in pa - ra dise___  lost in
to  fall in love  to night___

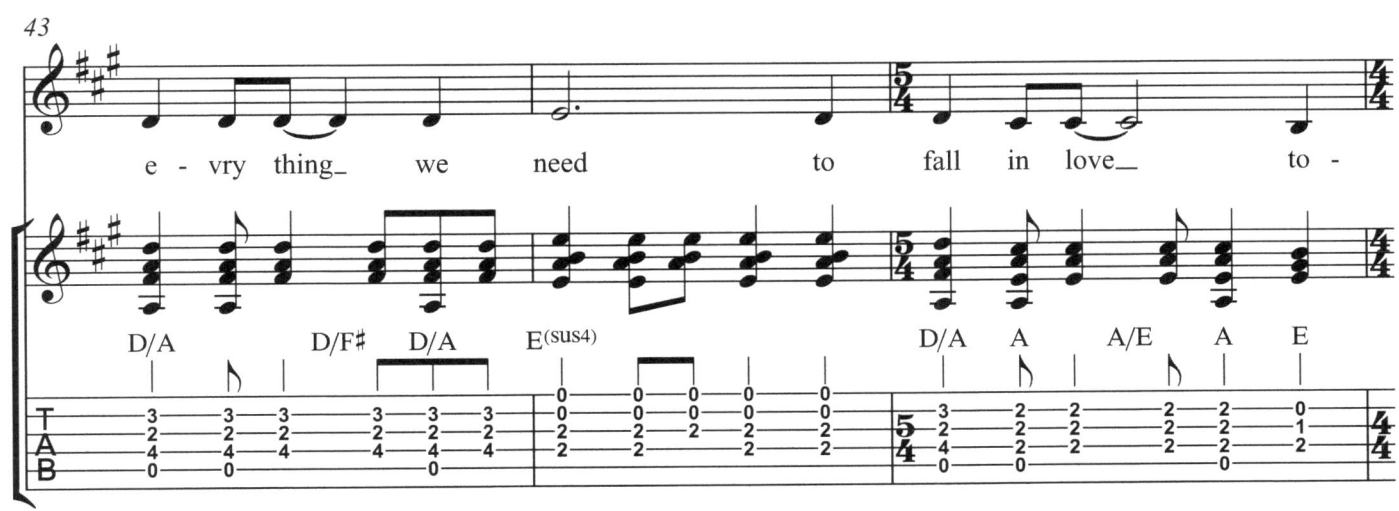

e - vry thing___ we  need  to  fall in love___  to -

84

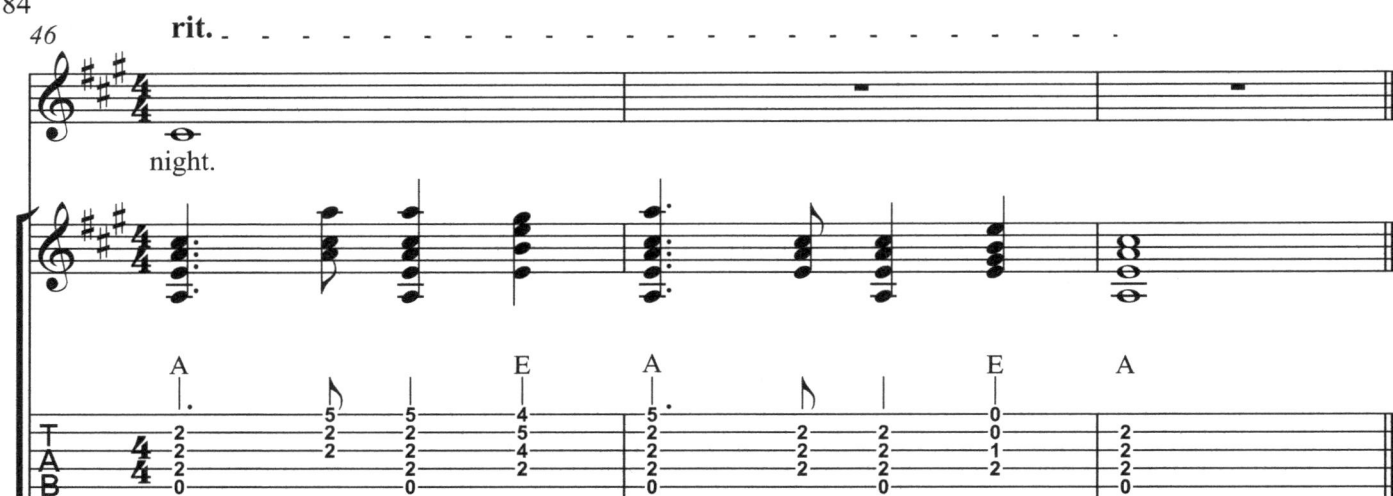